"体医融合"全民健身机制创新与路径研究

刘 江 著

吉林大学出版社

·长 春·

图书在版编目(CIP)数据

"体医融合"全民健身机制创新与路径研究/ 刘江
著.－ 长春 :吉林大学出版社，2024.9.－－ ISBN 978-
7-5768-3650-9

Ⅰ.G812.4

中国国家版本馆 CIP 数据核字第 2024H8V649 号

书　　名	"体医融合"全民健身机制创新与路径研究
	TIYI RONGHE QUANMIN JIANSHEN JIZHI CHUANGXIN YU LUJING YANJIU
作　者	刘 江
策划编辑	王宁宁
责任编辑	王默涵
责任校对	赵黎黎
装帧设计	程国川
出版发行	吉林大学出版社
社　　址	长春市人民大街 4059 号
邮政编码	130021
发行电话	0431－89580028/29/21
网　　址	http://www.jlup.com.cn
电子邮箱	jldxcbs@sina.com
印　　刷	吉林省极限印务有限公司
开　　本	787mm×1092mm　1/16
印　　张	11.75
字　　数	155 千字
版　　次	2024 年 9 月第 1 版
印　　次	2024 年 9 月第 1 次
书　　号	ISBN 978-7-5768-3650-9
定　　价	79.00 元

国家在《"健康中国 2030"规划纲要》中首次提出了"体医融合"的发展规划,要将体育与医疗进行深度融合来提升群众的健康水平。2022 年 3 月,国家又在《关于构建更高水平的全民健身公共服务体系的意见》中明确提到强化资源的集约利用和科技的支撑,推动体制的改革和供给方式的创新,这表明我国已经将健康中国的建设作为国家发展的重大战略计划。体医融合作为资源集约利用的最好体现,也是健康中国发展中提倡的新理念,对于全民健康发展有着较大的影响,全民健身是全民健康的关键路径,而体医融合又是全民健身的重要保障,因此体医融合对于全民健康发展、建设健康中国具有重要意义。

体医融合是社会发展的必然,在物质生活和精神生活得到满足后,身体健康问题是最受关注的问题。基于体医融合视角下,实现全民健身进而提升全民健康发展是近年来"运动促进健康"理念的实践,但是在现今的社会发展下全民健身问题变得愈发急迫。而体医融合较好地通过科学合理的运动处方、专业的体育指导员等的结合,弥补传统的医院治疗的模式,同时解决平时参与体育运动的盲目性和无目的性的问题,提升了医疗与体育未来的强大前瞻性。这种较前卫的健康干预办法和理念,更加贴合我们社会发展的方向,以及更加符合在新时代提高全民健康水平的要求。而想要更好地使体医融合,进而促进全民科学健身,就必须实事求是,立足本地实情,积极探索符合本地的融合模式,通过完善顶层的融合,坚持不懈地完善复合型人才的培养,壮大人才队伍,让群众科学健身、健康健身。

基于此，本书在明晰"体医融合"促进体质健康相关理论的基础上，详细分析了我国体医融合服务模式发展现状、健康中国背景下我国体医融合的问题与实现路径；然后从全民健身理论着手，分别论述了全民健身服务运行的机制原理、新时代我国全民健身机制改革创新、全民健身服务实践体系构建路径。希望本书对于推进全民健身与全民健康深度融合以及全民健康水平的整体提升有一定的助力。

目　录

第一章 "体医融合"与健康促进

第一节 "体医融合"概述

一、"体医融合"政策

一直以来,党中央高度重视我国健康事业的发展,深切关怀人民健康,并于十九大报告中提出实施健康中国战略。健康中国战略背景下,"体医融合"应运而生。"体医融合"倡导"医疗健康干预"向"运动健康干预"转变的新理念,推行以预防为主的"自主型"健康干预新方式,为民众科学健身和预防疾病保驾护航。健康中国战略的实施,将促进形成体育与医学共同发展、体医部门协同治理的新发展格局。

中共中央、国务院 2016 年 10 月 25 日颁布的《"健康中国 2030"规划纲要》中指出体育是健康促进的重要组成部分,提出了加强非医疗手段的健康干预,形成体育和医疗为一体的健康服务模式和疾病管理模式等理念。"体医融合"成为《"健康中国 2030"规划纲要》的重要组成部分,也是深化全民健身、实现全民健康的重要举措。2019 年 7 月,《国务院关于实施健康中国行动的意见》提出,国家层面成立健康中国行动推进委员会,制定印发《健康中国行动(2019—2030 年)》,细化 15 个专项行动的目标、指标、任务和职责分工,并提出要细化落实《"健康中国 2030"规划纲要》对普及健康生活、优化健康服务等部署。同日,国务院办公厅印发《健康中国行动组织实施和考核方案》,该文件制定了健康中国行动考核指标框架,提出将主要健康指标纳入各级党委、政府绩效考核指标。一系列的具体政策对"全民健身"和"全民健康"的对接与融合提出了新的要求,为加强体育与医疗卫生等多政府部门协同治理,为形成"体医融合"的健康服务模式提供了有力的政策支持和制度保障。

二、"体医融合"概念及内涵

2007年宣海德[①]最早提出并阐释了"体医结合","体医融合"概念的前身就是"体医结合"。结合,顾名思义,就是两个物体连接到一块。"体医结合"从字面上可以理解为体育与医疗相结合。"体医融合"就是把体育运动的方式方法与现代医学理念和医学技术方法有机结合,在医疗的各环节中科学地、有方法地融入体育运动的元素;在疾病预防、临床治疗和康复锻炼各阶段中,相关专业人员综合应用医学和体育的专业知识、方法,促进人的身体健康的手段和健康干预模式,"体医融合"能贯穿人的生命健康的全过程。其本质:(1)将体育运动作为促进体质增强、疾病预防、康复与辅助治疗的一种有效手段;(2)将医学理论与方法应用于运动健身,在运动风险评估、运动伤害防护、运动伤病诊治等环节发挥作用,规避运动风险;(3)是由政府主导,社会各方面共同努力、共同参与,其目的是在运动健身、疾病预防、治疗、康复等领域共同服务于百姓健康,最终实现防控疾病发生与发展,降低医疗费用,提高生命质量。实现路径包括:(1)加强体育和医疗领域专业互通;(2)整合体育与医疗人才资源;(3)建立运动处方库;(4)与各医院内有运动疗法需求的科室密切合作,开设运动处方/科学健身指导门诊,提供运动健康服务;(5)宣传体育运动促进健康的理念,普及运动健身的科学知识,培养科学健身的生活方式[②]。

三、"体医融合"研究现状

国外"体医融合"的出现源于"文明病"的滋生,其表现形式多为健身

---

① 宣海德.我国城市社区体育中"体医结合"问题的研究[J].军事体育进修学院学报,2007,26(1):106.

② 李璟圆,梁辰,高璨,等.体医融合的内涵与路径研究——以运动处方门诊为例[J].体育科学,2019,39(7):23-32.

俱乐部与医院的合作,目的是共同促进健康。在美国,早在 19 世纪就已经出现"体医结合",但真正尝试是在 20 世纪六七十年代,美国政府高度关注国民健康问题,开始从国家宏观政策层面部署体育与医疗相结合的治理框架,初步探索从体医结合入手,到后期"体医融合"在促进健康等方面的广泛应用,产生了良好的实践效果。同样是注重医疗健身行业的日本,与美国的健身俱乐部有异曲同工之妙。2001 年日本政府出台了《关于健康运动指导员知识和技能审定机构的认证规定(厚生劳动省 2001 年第 98 号令)》,开始倡导"体医融合"的发展理念。通过提高国民身体素质,降低国家医疗负担。2012 年在英国的国际运动科学、教育与医学大会上(ICSEMIS),体育与医学界的专家学者提出了对体育与医学的融合的期盼。梳理相关文献,发现国外对于"体医融合"的研究主要是以"运动处方"入手,由于开展时间较早,研究成果较为丰富。

相较于其他发达国家,我国"体医融合"的发展尚处于萌芽阶段,"体医融合"尚未形成固定化、模式化的内容和形式。随着经济的快速发展、生活方式的改变以及"现代文明病"的流行,"体医融合"在我国日益受到关注和讨论,近些年来学者们的研究也逐渐增多,主要集中在以下四个方面:

一是"体医融合"理论探讨。如,崔瑞华(2010)指出离开医学监督的体育是盲目的、不科学的,离开体育的医学是没有活力的。胡耿丹(2014)、汪波(2015)等认为"体医融合"健康促进模式是现代文明病的"克星",是实现健康生活方式的有效途径,可缓解医疗和社会经济压力。郭建军(2016)认为"体医融合"落实到学校体育,就是生长发育规律与体育教育的融合,就是慢性病防治关口前移与体育教育的融合。刘海平(2019)分析了基层体育组织制度保障、人才队伍建设及平台构建方面的制约因素,提出应构建"体医融合"促进全民健康的机制、搭建全民健康服务平台、构建"体医融合"促进全民健康的人才培养体系。沈圳(2021)研究发现:"体医融合"的研究范式由实证主义为基调的自然科学研究范式逐渐转向以诠释主义、建构主义为主的人文社会科学研究范式;研究内容由运动干预、体力活动以及运动处方为主的自然科学层面逐渐转向体育与卫生双系统之间的政策、组织制度、融合理念、合作机制等社会科学层面；研究技术路线基本遵循"问题提出—现状审视—对策提升"的研究逻辑和思路；医学研究者与体育科学研究者在体医融合的研究中出现了研究视角分化和研究重心偏差的现象。杨光（2021）研究发现"体医融合"的内在逻辑为：健康状态时"体育为主、医学为辅的联合预防"，亚健康状态时"体育与医学灵活转换的协同预防"或"体育调节、医学治疗的协作发力"，以及不健康状态时"医学治疗为支撑、体育康复与调理作支援的有力配合"；时代价值表现为：面对"健康"的准确识变、面对"疾病"的主动求变、"医学"角色的科学应变以及"体育"责任的积极转变。徐京朝（2022）提出推动服务供给由"试点化"向"普及化"转变；加强人才供给，搭建对话平台；提升个体预防意识驱动个体健康自治；提升体育话语权，均衡体育与医学在"体医融合"中的地位四个方面的相关启示。

二是"健康中国"背景下"体医融合"现状与发展研究。如，戴素果（2017）提出通过"加强老年健康促进的宣传教育和专业人才培养、大力发展与老年健康促进相适应的体育医疗技术、构建基于老年健康大数据与互联网的信息沟通平台"的路径，提高体育锻炼与医学治疗的深度融合。王萍（2018）提出体医深度融合防治慢性病的路径研究从"健康供给侧"和"健康需求侧"两条线入手。其中"健康供给侧"又分为机构的构建和人才培养的途径与目标两方面；"健康需求侧"则分为生活方式宣教和体育文化传播两方面。针对具体路径提出优化对策，并提倡以培养运动处方师的方式实施体医深度融合。周超（2019）认为目前"体医融合"成果主要集中在体医融合与高校人才培养、体医融合与增进健康、体医融合在社区中应用、体医融合发展路径以及其他相关研究。刘海平（2020）认为"体医融合"是"健康中国"建设的助推器，从创新我国城市社区"体医融合"健康促进服务体系的运行机制、搭建中国城市社区"体医融合"健康促进服务平台、完善中国城市社区"体医融合"健康促进服务人才体系3个维度，构建我国城市社区"体医融合"健康促进服务体系。王世强(2020)探索了"健康中国"背景下慢性病防治的体医融合服务模式,总结出4种具有代表性的体医融合服务模式:①运动处方门诊模式;②医院健康指导模式;③社区体育俱乐部模式;④社区体质监测中心模式。李国锋(2021)提出推进"体医融合"的建议建立"体医融合"促进全民健康的共生机制、创建科学的政策法规体系、加大宣传力度、加大体医专业人才培养力度、建立分级干预模式、构建智能化健康服务共享平台。卢扬(2021)认为构建社区"体医融合"服务体系是实现我国体育和医疗卫生发展,是经济高效地减轻医疗系统压力,提高全民健康水平,实现全民健康的必由之路。丁省伟(2022)基于系统论视角,从综合组织管理、健康教育宣传、健康信息管理、指导服务平台、分级诊疗制度、复合人才培养、资源保障服务、监督评价网络八个方面对体医深度融合体系框架进行构建。

三是"体医融合"干预研究。如,杨晓林(2010)、董晓倩(2014)等研究发现"体医融合"措施可有效改善肥胖女性形态,对高血压、糖尿病的发生有一定预防作用。邵梦霓(2019)研究表明:"体医融合"的运动干预模式能够明显降低绝经后高血脂女性的血脂、提高骨密度,尤其对骨量正常者的骨密度改善更加明显。闻剑飞(2020)提出"政府主导—部门协作—企业运营—专家评估"的"体医融合"模式可以有效改善女性血压异常人群身体成分,调节血脂及降低血浆 ET-1、D-D 浓度,降压效果明显,值得推广。刘治良(2020)、王帅(2020)研究表明:"体医融合"干预对社区高血压病患者的生活质量和体适能具有一定的有效影响,对糖尿病患者的生活质量、体能、空腹血糖都有改善作用。张阳(2021)认为当前我国"体医融合"干预慢性病的模式主要有:"四合作"模式、"社区体质监测中心"模式、"政府与市场相结合"模式、"运动处方门诊"模式、"运动+叶酸"模式。这些模式的核心方法都是对慢性病患者实施科学、合理的运动干预,目前已取得了一定的成效。李默(2021)提出了将体质检测与健康体检有机结合,使用1+1+N的体医结合健康服务新模式。通过对代谢性慢病高危人群实施"体医融合"运动干预管理后,发现运动组人群在身体形态、身体机能、身体素质及机体代谢上有显著改变。

四是"体医融合"背景下的相关研究。如,刘宇飞(2018)指出"体医融合"背景下,对运动康复专业人才需求急剧增加,建立科学的运动康复专业人才培养模式,是促进运动康复专业发展的关键。张文亮(2018)研究表明:体育健康综合体是体育与健康服务供给的新业态、新模式,其建设具有扩大体医融合型服务供给规模、促进运动健康城市创建、助力健康中国建设等价值。认为"技术融合—业务融合—市场融合"路径是成功建设综合体的必要途径,而"体育医院门诊、运动健康体检、科学健身康体、体育与健康旅游等体医融合型产品"是体育健康综合体的主要服务供给内容。崔学军(2019)认为"体医融合"是新时代背景下促进全民健康的新举措,提出了"体医融合"健康促进模式的目标、构建原则、管理组织构架、内容构架、模式应用与保障机制等。姜勇(2020)基于"体医融合"的视角探求中小学体育与健康课程的发展路径:秉承"健康第一"指导思想,增强健康教育意识;完善中小学体育与健康课程内容遵循的基本原则;加强中小学体育与健康课程实施的条件保障;丰富中小学体育与健康课程评价内涵。张安骏(2021)探讨了"体医融合"背景下的医学院校体育教学改革,指出体育学与医学领域的融合既要结合医学类院校特色发展医学的人文教育精神,又要结合体育预防、保健、康复三位一体的发展理念,打造一条属于医学类院校的体医融合之路。

张学良(2021)结合《"健康中国 2030"规划纲要》精神与"体医融合"思维提出成立"健康管理委员会"、改组"体医融合健康管理中心"、构建"金字塔式"健康管理模式、建设"四位一体"数据平台、加强健康教育、培养健康生活方式等大学生健康管理改革发展策略。程嘉浩(2022)采用扎根理论获得我国体育产业的多个研究维度即大健康战略、养老产业发展、健康中国战略、产业创新和人才培养等;结合主轴编码及选择性编码获得体育产业的发展模型;基于"故事线"梳理"体医融合"视角下体育产业的大健康、健康中国和"体医融合"与体育产业革新等三大产业发展模式。

第二节 "体医融合"促进体质健康的理论基础

一、"体医融合"的目的

健康对于每个人来说都至关重要,人们在关注健康的时候,都会想到与健康息息相关的运动和医疗,医疗是解决"已病",运动是预防"未病",所谓"体医融合"就是将运动与医学有机结合起来,是"防未病、治已病"的有机结合,将预防疾病和治疗疾病同时进行,共同促进体质健康水平。"体医融合"的理念还会督促人们养成良好的生活习惯、健康的生活方式,通过科学的体育锻炼,达到增强自身抵抗力,提高机体免疫力,提升身体素质的目的。

二、"体医融合"的动因

随着现代文明衍生而来的慢性疾病已经严重影响我国国民的身心健康。据有关研究显示,慢性病是影响中国人健康的最主要因素,我国 86.7％的人死于慢性病,慢性病发生率飙升,不仅如此,慢性病已经开始危及青少年的健康,2014 年北京市中小学生高血糖检出率 66.6％,高血脂检出率 43.2％,高尿酸检出率为 39.7％,脂肪肝检出率 16.0％[①]。我国多次的体质测试结果显示,多年来青少年体质健康水平下降的事实毋庸置疑,青少年的健康状态仍不容乐观,肥胖、体质弱、近视等都严重影响着青少年的健康成长。调查发现,我国青少年体力活动缺乏,仅 29.9％的青少年达到 WHO 推荐的 60min 中高强度身体活动;6～17 岁儿童青少

---

① 向宇宏,李承伟."体医融合"下我国学校体育的发展[J].体育学刊,2017,24(5):76－79.

年超重率为 9.6%,肥胖率为 6.4%[①]。体力活动的缺乏和相应体质健康水平的降低是青少年体质下滑和肥胖流行的重要原因。体育和医学都是促进人类健康的重要手段,两者从不同角度对健康产生积极影响。体育运动在预防疾病中有着特殊的作用,医学的目标是防治疾病、维护健康;体育的目标是增强体质、促进健康,医学和体育紧密联系、共同承担着提高人类健康素质的任务。体育和医学的融合并不是简单的结合在一起,"体医融合"要"从医疗看体育,重新发现体育的功能价值,从体育看医疗,重新认识疾病本质",运动是健康维护的必须内容,健康需要多种运动;然而离开医学监督的体育又是盲目的、不科学的。可见,体育与医学互为指导、互为影响、互为补充[②]。"促进与维护健康",是体育学科和医学科两者都追求的方向。经济的快速增长也有利于加大"体医融合"的广度与深度,发挥"防治结合"的独特功效,有力促进"健康中国"战略的实施[③]。在健康中国的时代背景下,"体医融合"是体育学科和医学学科发展的关键特征和发展趋势,体现了健康促进新走向的概念,将会变为推进青少年体质健康建设,全面提升青少年健康素养的重要措施和依托。

三、"体医融合"的效益

"体医融合"的效益得到了大量科学研究的证实。科学合理的运动对冠心病、脑卒中和慢性阻塞性肺疾病等病症有明显的缓解作用,能进一步

---

① 孙通,罗敦雄,陈洁星,等."体医融合"背景下医学院校体育教学改革的研究[J].福建医科大学学报(社会科学版),2018,19(2):55—58.

② 郭建军,郑富强.体医融合给体育和医疗带来的机遇与展望[J].慢性病学杂志,2017,18(10):1071—1073.

③ 梁美富,郭文霞."健康中国"战略背景下体医结合的发展路径探讨[J].河北体育学院学报,2018,32(3):52—56.

改善器官的机能,提高患者的生活质量[1][2][3]。运动还能帮助个体对抗抑郁,减少焦虑。对罹患心理疾病的患者采取运动干预,能有效减少患者抑郁、焦虑和恐怖等症状,运动导致的生理变化同抗抑郁药效果类似,促进患者身心恢复健康[4]。体育锻炼可以有效改善人们的身体素质,尤其在预防控制慢性疾病方面成效显著。现代医学不能解决所有健康问题,但是可以通过与体育相结合,在治疗中引入运动处方,有效促进疾病康复和治愈。体力活动能减少慢性病,如高血压、糖尿病、中风与癌症,还能促进健康认知和心理功能[5]。已有许多研究表明慢性病的预防、治疗及康复仅仅靠医学技术并不能从根本上得以有效解决。因此,通过提高体力活动和体质健康水平来遏制肥胖增加的趋势和其他因久坐导致的相关疾病流行十分必要[6]。对于肥胖以及包括心血管疾病、癌症、糖尿病和慢性阻塞性肺病在内的慢性病都是可以通过"体医融合"来预防、控制、减轻症状和提高生活质量。

近年来国际上的成功经验显示,加强体育锻炼在预防、控制慢性病方面具有独特而重要的作用。芬兰、美国等发达国家控制慢性病的成功经验表明,合理运动配合合理饮食是预防慢性病的最佳方法,可以显著降低各种慢性病的发生风险,降低慢性病的发病率。对于已经患病的人群,也有很好的控制疾病进展的作用。芬兰糖尿病预防研究(diabetes preven-

---

① 中华医学会心血管病学分会预防学组,中国康复医学会心血管病专业委员会.冠心病患者运动治疗中国专家共识[J].中华心血管病杂志,2015,43(7):575—588.

② 李新.脑卒中患者早期运动治疗对运动功能和日常生活能力的影响[J].中国实用神经疾病杂志,2014,17(9):110—111.

③ 陈文,谢俊刚.家庭有氧运动治疗在稳定期COPD患者中的应用及效果[J].中国医师杂志,2014,16(2):256—258.

④ 李昌俊,贾贺男,左俊楠.锻炼促进心理健康的效果、机制与展望[J].中国体育科技,2015,51(1):132—136.

⑤ MCKINNEY J,LITHWICK D J,MORRISON B N,et al. The health benefits of physical activity and cardiorespiratory fitness[J]. BC Med J,2016,58(3):131—138.

⑥ 陈华卫,吴雪萍.体质健康知识促进青少年体力活动的角色、价值与路径[J].中国健康教育,2021,57(8):72—78.

tion study,DPS)和美国糖尿病预防计划（diabetes prevention program，DPP)研究结果发现通过饮食和增加体育运动来强化生活方式的改变降低了58％的糖尿病发生率,并且在DPP研究中生活方式改变比经典预防糖尿病的药物二甲双胍的效果更好(降低31％的糖尿病发生率)。因此世界各国政府出台的身体活动指导,都是针对以降低慢性病的发生风险为目的的。组织编写身体活动指导的专家组,也都是包括了运动专家、疾病专家的,如美国政府出台的《2008美国人锻炼指南》。通过运动干预,很多慢性病患者都可以达到短期、中期和长期的健康获益。而这些运动带来的变化是医疗手段,包括药物和营养无法替代的。因此,医疗界广泛认可"运动是良医"的理念。

第三节 "体医融合"促进体质健康模式构建

一、构建的目标

促使青少年充分认识"体医融合"促进体质健康的必要性和重要性,教会青少年掌握促进和维护健康的相关知识,并将知识内化为健康促进的能力;使青少年拥有健康理念,将体育意识贯穿终身;使青少年学会科学地进行体育锻炼,并能持之以恒,将锻炼行为变成一种生活习惯;教会青少年对自身健康水平做出科学的评价,学会对自身健康进行管理。以全面促进和维护青少年体质健康水平、提升青少年健康素养为最终目标。

二、构建的原则

1. 安全性原则

运动安全问题涉及多学科,运动中心脏、肾脏等脏器的安全性、血糖稳定性、运动器官伤病等运动安全问题,单独靠哪一个学科都无法独立加以保障。运动引起的心源性猝死屡见不鲜,运动引起横纹肌溶解症继而引起急性肾衰的报道也越来越多①②,导致患者不敢进行有一定强度的运动,健身指导师也不敢指导,医生的运动处方医嘱无法落地。低强度的运动虽然安全但未必有效,有效的运动又未必安全,平衡考虑安全性和有效性,必须靠"体医融合"的新技术③。为了实现运动的安全,需要有新的医疗体制。单独靠体育,无法完成,因为有运动的风险无法控制;单独靠医疗,也无法完成,因为医生无法指导有效、全面的运动。因此,体育需要和医疗合作,形成体育与医疗合作服务模式:医生控制运动的风险,运动指导师在风险控制下进行运动的指导。"体医融合"视域下构建青少年体质健康促进模式,安全性是首要的原则。

2. 有效性原则

运动的效果需要有个较长时间的过程才能体现。运动是否达到降低疾病发生风险的效果? 是否起到了增强体质的效果? 用什么指标进行评价? 单纯靠体育科学或者医学的指标肯定都是不行的,都是不全面的,必须将两者结合在一起,来阐释什么样的运动可以降低什么样的疾病风险,什么样的运动强度、运动量才能对体质健康水平产生有利影响。尤其对于儿童青少年,运动的近期效果和远期终身效果的评价非常重要,必须兼顾运动的多种效果综合评价,才能真正明确运动的有效性,进而提高运动的有效性。

3. 持续性原则

运动增强体质预防慢性病,或者运动作为慢性病康复的必须手段,都要求运动长期、终身进行。运动难以坚持,是实现各种慢性病康复治疗效果的最大难点。虽然康复的效果显著,可以大幅缩短住院时间、降低并发

---

① 谢院生,刘晓峦,陈香美.运动性横纹肌溶解症的诊治[J].军医进修学院学报,2008,29(6):449−452.

② 李增男,薛刚刚,沈锦盛.运动性横纹肌溶解症的临床特点分析[J].东南国防医药,2015,17(2):166−168.

③ 郭建军.体医融合推动健康革命路径探讨[J].慢性病学杂志,2017,18(11):1189−1192.

症的发生风险,但即使在美国,仍然有 80% 符合条件的患者没有坚持运动康复。运动的可持续性,实际上是运动文化属性的体现。运动如果只强调健康而不强调快乐、满足感等体育文化特性的内容,很难坚持锻炼。坚持运动,有的是为了健康,有人是为了快乐,原因不同而效果相同,强调个性化引导才能实现运动的可持续性。青少年正处于青春发育的关键时期,在激发锻炼兴趣的前提下,锻炼的持续性才有可能实现。

三、构建的关键要素

1. 转变观念,重新认识

体医融合的实现,首先必须是对体育功能的再认识,对疾病本质的再认识,对健康内涵的再认识。从医疗看体育,从体育看医疗,重新认识体育,重新认识疾病,获得对体育与疾病、健康关系的更完整、更深入的认识,是实现体医融合的前提。将"体医融合"的理念应用于青少年体质健康促进领域中,促进青少年身心健康和谐全面发展。

2. 技术融合,资源共享

"体医融合"的本质为体育学科部分提供技术措施和方式,医学部分提供思绪和途径,运用医学学科的思维要领和知识架构把经常性的体育运动方式进行概括和归结,从而将其处方化,进而具备针对性、实用性和科学性。技术融合也就是指把医学的健康理念与诊疗技术同体育学科的运动方式、运动康复、运动技能等进行整合,制定出科学合理的运动处方,用以指导青少年的体育锻炼。在资源方面,将医院的人、物、才资源同体育设施、器械、场地等资源进行共享,充分合理地加以利用,服务于青少年的体质健康促进,以提升青少年体质健康水平为最终目标。

3. 干预创新,综合评价

"体医融合"视域下青少年体质健康的干预首先要进一步明确"健康第一"指导思想,以"全面健康"为导向,开展学校和医疗机构的合作,将青少年在校期间的体育运动、生活饮食纳入监测、保障体系,通过医疗诊断为学生锻炼时间、锻炼方式、锻炼强度、适宜运动项目以及相关的医务监督等提供技术支持和实施方案,并且未雨绸缪地在学校推广运动健身和预防疾病方面的常识。干预实施后,运动的近期效果和远期终身效果的评价非常重要,必须兼顾运动的多种效果,从体育和医学两个方面对运动成效进行综合评价。

四、体质健康促进模式

在"健康中国"的时代背景下,依据大健康理念,以全面健康为导向、提升青少年健康素养为最终目标,以"技术融合"为核心、"机制协同、资源共享、干预创新、综合评价"为关键要素,通过对体育与医学在青少年体质健康评定、健康目标制定、健康教育开展、运动处方制定、干预方案实施、干预效果评价等方面的融合分析,从"体医融合"的目标层、理念层、路径层和内容层构建武陵山区农村青少年体质健康促进模式(见图1-1)。

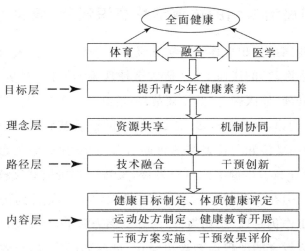

图1-1 "体医融合"视域下武陵山区农村青少年体质健康促进模式

第二章　健康中国背景下
我国体医融合的问题与实现路径

第一节　健康中国背景下我国体医融合存在的问题

虽然近几年相关部门、协会等都在持续推进"体医融合"的理念、人才培养、科研平台创新等方面的实践工作,但通过访谈和实地考察发现,在其推进工作过程中也暴露了许多问题。将实地访谈的观点内容与相关文献进行结合,整理分析,结果如下:

一、国民治未病的体育锻炼意识淡薄,健康教育缺位

目前,我国虽然积极推动落实分级诊疗等政策[①],但大众意识仍然停留在"有病去医院"的层面上[②]。造成这种现象的原因,有学者指出:一方面,社区是开展"体医融合"的主要战场,群众跨过社区卫生服务中心直接前往大医院就诊,这使得开展"体医融合"的群众基础薄弱;另一方面,青少年作为我国经济和科技发展的重要后备力量,他们健康意识的缺失同样阻碍了体育与卫生健康的融合发展,虽然《纲要》把健康教育纳入了国民教育体系,但在实际教学过程中,在很大程度上仍受到应试教育的影响,中小学工作仍是以"小初高大"的升学率为抓手,严重忽略了学生的身体健康,健康教育的课程逐渐被边缘化,最后如同虚设,导致青少年缺乏

---

① 新华社.国务院办公厅关于推进分级诊疗制度建设的指导意见. http://www.gov.cn/xinwen/2015－09/11/content_2929789.htm,2015－09－11.

② 江德斌.实现医疗公平应化解"超级医院"效应.[N].人民法治,2021－05－22.

对健康意识和行为生活方式的认知①。并且我国公共体育健身设施及体育场馆匮乏,使群众"欲锻炼而无处可练",这严重打击了群众参加体育锻炼的积极性②。

二、体育与卫生健康领域相融合的政策法规不够完善

宏观政策指导是实现"体医融合"的根本保证,目前我国用于保障"体医融合"的政策并不完善,缺乏一套有针对性的实施细则③,这加大了在实际操作过程中的难度。例如,以北京郡王府阳光康曼俱乐部为代表的北京健身俱乐部,它将"体医融合"理念融入其发展规划,其创立紧紧贴合了"体医融合"的内在要求,这个具有前瞻性的尝试最后以失败告终,究其原因,主要有两个:一是在市场经济体制繁荣发展的背景下,国营性质俱乐部未能很好地适应其发展趋势。二是体质监测部门、体检中心、健身指导中心三个部门的联合不仅缺乏宏观政策支持与引导,而且没有成熟的案例经验借鉴,所以未能实现三个部门长久合作。缺乏政策支持,没有保障体制是其失败的关键原因④。

体育与卫健部门负责人均指出:"在健康中国战略背景下,应该构建完善的全民健康服务体系,把体医融合这种新的体育和医疗的融合手段融入全民健康服务体系之中,但在当前发展中还缺乏相应的政策和法规的支撑。在国家法律层面上,当前我国还没有一部专门促进健康的法律法规,大部分都是以医疗公共卫生为主的法律法规构成的法律体系,关于体育方面专门促进健康的法律,目前还没有形成。"

---

① 姜勇,陈子康,于亦杰."体医融合"背景下中小学体育与健康课程的价值定位及发展路径[J].吉林体育学院学报,2020,36(4):80—84.

② Alex Donaldson,Caroline F Finch. Sport as a setting for promoting health[J]. Br J Sport M—ed,2012,46(1):4—5.

③ 冯振伟,韩磊磊. 融合・互惠・共生:体育与医疗卫生共生机制及路径探寻[J].体育科学,2019,39(1):35—46.

④ 郑双."健康中国2030"背景下"体医融合"促进全民健康路径探究[J].体育世界(学版),2019(4):152—153.

根据《关于新增部分医疗康复项目纳入基本医疗保障支付范围的通知》的内容，我国医保的康复项目增加至29项，并且继续保留原已纳入医保支付范围的医疗康复项目[①]。虽然国家将一定数量的医疗康复项目纳入医保，但大多数都是关于肢体残疾、听力残疾等方面，关于运动损伤的项目医保不能报销，虽然部分地区已纳入某些项目，但是报销比例偏低乃至不报销，并且运动损伤康复目前市场价格较高，较低的每小时百元以上，档次较高的每小时300—800元[②]，使得众多消费者止步于昂贵的运动康复服务价格。

由于我国在政策制定和实施过程中缺乏具体的操作细则，所以导致限制了体医融合相关行业在一定程度上的发展规模，在根本上阻碍了体医融合的发展。

三、体育与卫生健康部门长期条块分割

在访谈过程中，无论是体育工作者还是医生都强调："承担主体角色的是体育与卫生健康部门，体医融合的内涵决定了两者必须协同并进，二者只有共同努力才能促进人民健康。而当前我国的医疗和体育由于自建立以来就分别由两种不同的管理机构管理，体育部门由国家体育总局管理，医疗由卫生健康委员会管理，国家体育总局职责之一就是要统筹规划群众体育的发展，推动全民健身计划发展，推动国民体质监测和社会体育指导工作，而卫生健唐委员会职责是制定并落实疾病防控规划，推进老年人健康服务体系和医疗卫生保健等工作，由于二者责任划分不同，使得两者存在明显的"体育治体""医学治医"，各自为政的条块式管理[③]，所以二者融合还存在着诸多问题和矛盾。尽管现在有一些体育部门和医疗卫生

---

① 新华社.新增20项康复项目将纳入基本医保.http://www.xinhuanet.com//politics/2016—03/23/c_128824553.htm,2016—03—23.

② 沈圳,胡孝乾,仇军.我国体医融合的研究进展、热点聚焦与未来展望[J].体育学研究,2021,35(1):9—19.

③ 常凤,李国平.健康中国战略下体育与医疗共生关系的实然与应然[J].体育科学,2019,39(6):13—21.

部门的人员已经认识到要发展体医融合就必须尽快解决两者之间的协调配合问题,想要加强二者之间人才技术资金的沟通交流①。但是由于缺乏相应的沟通手段和方法,再加上政府政策制定得不严密,延缓了"体医融合"的实践推进。同时体育与医疗卫生部门由于其部分功能的相似性,容易形成不良的利益竞争关系②。随着体医融合的不断推进,更需要二者各部门之间联系更加紧密。"能够有效地整合资源以及推进体医融合工作的主体是体育与卫健部门,所以必须实现这两个部门的融合。

四、复合型专业人才队伍匮乏

开展"体医融合"实践工作的基础和保障是人才队伍的建设③。但是当前体育与医学专业人才培养的模式只注重本专业的能力培养,不重视跨专业培养④,具体、卫作为两个长期相对独立运行的部门,工作范围和任务不同,这导致了"体不懂医,医不懂体"的社会人才现状。

(一)体育与医学专业教育缺乏深度融合

体育类院校在培养人才过程中,最大问题就是基础医学课程体系建设薄弱⑤。有体育认知基础的医学专业教师一般不会去体育类院校相关"体医融合"专业任教,而且体育类院校也缺乏相应医疗设施和实验资源条件⑥,因而培养出来的学生临床实践能力不足,尽管掌握了专业体育知识和运动技能。

---

① 周信德,庄永达."健康中国"战略背景下"体医融合"发展路径构建研究[J].浙江体育科学,2020,42(3):21—25.

② 南秀玲.健康中国视域下"体医结合"发展问题及策略研究[D].西安,陕西师范大学,2018:1—49.

③ 祝莉,王正珍,朱为模.健康中国视域的运动处方库构建[J].体育科学,2020,40(1):4—15.

④ 郑永才,贾雯.医学院校"体医结合"模式研究[J].新西部,2020(14):141—146.

⑤ 周慧,曾箫潇.探讨医学本科专业医学统计学的教学改革[J].教育教学论坛,2016(18):93—94.

⑥ 沈圳,胡孝乾.全民健身与全民健康深度融合的现实困境与多维路径[J].体育文化导刊,2019(7):55—59,65.

医药类院校在培养人才过程中,最大问题就是欠缺专业知识和运动技能以及实践能力,培养出来的学生欠缺从运动干预治疗、预防疾病的角度看问题的思维,他们对于身体活动的影响缺乏感知[1]。因而在实践中,有能力制定出可具操作性和个性化运动处方的很少[2]。

社会体育指导员急需通过专业知识技能培训来提升医学素养。然而通过实地考察发现,目前国内社会体育指导员主要是以运动技能传授为目的,由于缺乏专业医学知识,不能针对居民身体机能指标,制定精准的运动健身计划,指导有效的体育锻炼,使得运动参与者面临巨大的运动风险,导致体育锻炼过程中时常出现"低血糖休克"和"心脑血管意外"[3]。

总体来看,体育与医学专业教育融合"两张皮"问题突出,距离深度融合还存在很大差距。

(二)职业资格认证的壁垒及人才培养的服务导向限缩了人才的就业

在访谈中了解到,复合型"体医融合"专业人才的理想工作是进入竞技体育系统或医疗系统[4],但就目前来看,由于职业资格认证的壁垒,这条道路并不通畅。对于"体医融合"相关专业毕业生来讲,康复治疗师执业证书是理想就业的"敲门砖",取得该证书需要通过由国家卫健委和人力资源社会保障部共同主办的全国卫生专业技术资格的考试[5],虽然国家层面没有明确的政策文件规定运动康复专业人才不能报考康复治疗师资格,但在部分省市地方明确表示不能进行报考,医学界专业人士对运动

---

① 搜狐.北京体育大学举办"运动与健康中国2030"高峰论坛.https://www.sohu.com/a/147716943_119689.2017-6-10.

② 贾三刚,乔玉成.体医融合:操作层面的困境与出路[J].体育学研究,2021,35(1):29-35.

③ 胡杨.构建"体医结合"联动管理机制促进科学健身[N].人民政协报,2014-04-05(3).

④ 刘青.以创新求是精神全面深化高等体育院校教育综合改革-兼论我校学科专业特色与人才培养目标[J].成都体育学院学报,2016(42):1-6.

⑤ 梁璇.被挡在医院门外的运动康复专业毕业生[N].中国青年报.2016-02-06(5).

康复专业的课程设置和人才培养目标不够了解,人为地为运动康复专业人才进一步提升树立了一堵墙,难以拿到相应的执业证书,其就业自然就受到了局限。

我国培养的康复人才的专业主要是康复治疗学和运动康复专业,目前共有 118 所本科院校和 174 所专科院校设置康复治疗学专业,每年毕业人数不足 1 万人;而每年运动康复专业的毕业生约 2000 人[①]。在建设健康中国的大背景下,目前社区、全民健身科创平台以及健身服务站是急需"体医融合"人才的时候,但现实情况却是大多数社区并没有设置相应岗位,而相关科技创新平台和服务站点的建设才刚刚启动,无法提供足够的岗位和薪资条件[②],并且大多数毕业生选择在医院、学校等单位工作,在社区从事健康指导的比例极低[③],导致了"体医融合"人才培养与就业中的结构性矛盾:一是我国对"体医融合"人才的需求量迅速增加;二是由于人才培养的服务导向和职业资格认证的壁垒等原因,"体医融合"人才就业出路变窄;三是目前人才培养的数量和质量还远远不符合要求。这严重阻滞了体医融合的落实和开展。

五、配套实体产业的发展迟滞

"体医融合"有着国家政策的大力支持,按道理其配套的实体产业应该有着广阔的发展前景,但是,由于产业发展缺乏政府和市场的引导,开发者与经营者不确定其中的盈利性和稳定性,加上国家的"公益性"推崇,所以导致"体医融合"配套实体产业未能进入快速发展阶段[④]。引导力不

---

① 祝莉,王正珍,朱为模.健康中国视域的运动处方库构建[J].体育科学,2020,40(1):4—15.

② 南秀玲.健康中国视域下"体医结合"发展问题及策略研究[D].西安,陕西师范大学,2018:1—49.

③ 倪国新,邓晓琴,徐玥,汪皓男.体医融合的历史推进与发展路径研究[J].北京体育大学学报,2020,43(12):22—34.

④ 杨继星,陈家起.体医融合的制约因素分析及路径构建[J].体育文化导刊,2019(4):18—23.

足加上市场环境消极,结果导致"体医融合"配套产业的发展迟滞。

近年来,运动康复应该是"体医融合"产业市场开发的一个重点突破口。通过对相关医疗人员进行访谈得知,目前运动康复机构主要分为公办和民办两大类,公办运动康复机构主要以各地区的公立体育医院为主,它们拥有"体医融合"核心技术①。虽然部分公立的机构也进行了转型,将主要为竞技体育服务的技术逐步转向为普通大众服务,为全民健康服务,少部分机构的转型还算比较成功,但就整体而言,大多数该类机构的转型并不顺利,很多机构还处于探索阶段,造成该类机构转型迟滞的原因主要有:一是动力不足,作为主要为竞技体育服务的机构,在经费、设备、人员待遇上都有一定的保障,在体制内安逸稳定,缺乏拓展阵地的动力;二是对转型后的市场行为缺乏必要的政策保障或引导,对转型可能导致的政策风险有顾虑;三是社会上有一种误解,容易将"体医融合"与公益性捆绑在一起,这进一步影响到各地公立运动康复机构转型的动力②。民办运动康复机构分两种,一种是有一定规模、资质合格的,全国都很少,主要集中在北京、上海、广州、南京、杭州等部分一线城市,其中以北京的民营运动康复机构最多,初步统计也仅有 20 多家③,他们拥有一定的规模和专业的医师,在康复行业属于领军机构;而另一种则是医师资质参差不齐规模较小的机构,各类平台设施也不是很完善,表面上挂着的是运动康复的招牌,实际上只做着简单的健康咨询。

总的来说,当前"体医融合"的实践工作在陆续开展,但更多是以公益的形式呈现,市场因素介入很少。虽然从理论上来讲,其产业前景广阔,但由于缺乏政府和市场的引导,难免会出现"望而却步"的现象。消极的市场环境加上引导动力的不足,所以产业推进略显迟滞。

① 蔡旭东,刘亚娜,赵焕刚.运动康复产业供给侧结构性改革研究[J].北京体育大学学报,2017,40(6):27—32,40.
② 贾三刚,乔玉成.体医融合:操作层面的困境与出路[J].体育学研究,2021,35(1):29—35.
③ 蔡旭东,刘亚娜,赵焕刚.运动康复产业供给侧结构性改革研究[J].北京体育大学学报,2017,40(6):27—32,40.

六、国民体质监控服务体系不健全

开展国民体质监测工作是加强体医融合和非医疗健康干预的重要手段[①]，但目前我国体质监测服务体系还存在许多问题。

(一)国民体质监测覆盖率低

我国现阶段的国民体质监测体系主要分为国家、省、市、县四级体质监测中心[②]。我国虽然设有四级监测中心，但数量并不多，且不能覆盖所有群众[③]。国家每五年开展一次国民体质监测工作，省市一般一年开展一到三次，县级次数会多一点。据调查发现，体质监测中心大多设立在当地的体育局，一般来说，一周时间内可以免费测定，但是许多百姓由于距离、时间的原因，导致不能对其进行长期的监测和管理。

(二)忽视科学指导且缺乏个性化监测报告

国民体质监测通过测试受测人员的各项身体机能，了解其量化的健康数据，并根据数据结果为今后的科学体育锻炼提供指导建议。经过实地考察发现，在广西壮族自治区的 17 个国民体质监测站中，由于缺乏固定的专门人才，同时又缺乏引入社会力量参与管理运行的制度安排，大部分站点的系统运行仅仅是完成自治区和国家监测任务，任务功能单一，停留在阶段性运行的状态，还没有建立起开放的常态化的测试服务和科学健身指导服务系统。大多数体质监测站点一年只做一次测试，并且只是出具简单的测试报告，其报告内容包括一份受测人员的身体机能数据和一份简单的运动建议，其内容笼统，缺乏实际的可操作性，所以容易被群众忽视。体质监测过程中忽视科学指导是我国当前国民体质监测体系建设中的关键问题，造成其结果的原因有二：一是现阶段各监测机构的测评

[①]　人民日报.中共中央国务院印发《"健康中国 2030"规划纲要》[N].人民日报，2016-10-26.

[②]　国家体育总局.国民体质监测工作规定[Z].2001-02-12.

[③]　南秀玲.健康中国视域下"体医结合"发展问题及策略研究[D].西安，陕西师范大学，2018:1-49.

体系过于单一,未将科学指导纳入年度考评中,负责监测的工作人员不能从指导层面获得相应的报酬,因此是否提供详尽而有针对性地指导,全凭工作人员的职业素养;二是不少监测中心的工作人员属于兼职或者义务性质,且大都是高校学生,他们在完成监测任务后就结束了,缺少后续的进一步跟踪健身指导。

(三)存在上报虚假数据现象

本人曾多次参与地方体育局和学校组织的体质监测活动,了解其大致流程,首先对受测人员进行常规的体质测试,包括身高、体重、肺活量、台阶测试、握力测试、反应时测试等项目,然后将数据收集后进行整理,如果整体体质测试水平不达标或者过低时,部分单位将会对数据进行一定的修改。更过分的是为了改变体质不达标的情况,它们还会抽取其他体质较好的受测人员冒名顶替进行体质测试,从而达到合格水平以上。同样,某些单位部门为了取得良好政绩,将虚假数据上报,实际数据存留在手。

第二节 健康中国背景下我国体医融合实现路径

根据我国"体医融合"现状与存在的问题,结合健康中国建设的要求和目标,并对实地考察和访谈的结果内容进行整理分析,从理念、政策、组织、队伍、产业和服务六个方面出发,提出其良性的实现路径。

一、加强理念融合,使"运动是良医""治未病"等理念深入人心

"理念就是事物的本质,是万物的本源",理念是一种积极的、能够指导实践活动产生所期待结果的思想认识或观念看法[①]。正因如此,体育

---

① 别敦荣,王严淞.普及化高等教育理念及其实践要求[J].中国高教研究,2016(4):1—8.

与卫生健康的理念融合是实现深度融合的必要前提[①]。有学者指出：从我国目前的实际情况来看，大部分群众的观念还停留在有病治病的层面，没有充分认识到参与体育锻炼对"治未病"的重要性。因此，首先应该从理念上着手，逐步打破"体医融合"在意识层面的障碍。一是推动高校体育专业人才进社区开展"科学健身大讲堂"，加强科学健身知识普及，弘扬科学健身文化；二是行政部门要积极和电视台、广播、广告商等机构合作，引导各大电视台、广播开办体育类综艺节目或运动健康类主题活动；三是各类科研机构应主动占领新媒体宣传阵地，开通官方微信公众号，定期发布科学的健康知识，以现代信息技术手段大力普及体医融合理念，营造全民参与、科学健身的社会氛围；四是把体质测试纳入常规医院体检，把体质测试结果纳入常规医院体检报告，把体育参与情况纳入疾病诊断问询。

二、加强政策融合，建立细化且可具操作性的政策措施

当前我国"体医融合"发展处于刚刚起步阶段，我国对于其发展规划还缺乏细化且可具操作性的政策措施，导致不管是群众、企业还是地方部门都对其发展持观望态度。虽然我国在近几年陆续出台了促进"体医融合"发展的政策法律法规，这对于推进健康中国战略和发挥"体医融合"作用具有重要意义。但这些法律法规都是从宏观角度出发，其内容不够细化，所以在实际实施过程中缺乏可操作性。

有学者指出，要想实现体医融合，那么加强政策融合是必不可缺的环节之一，而该环节可以从三个方面入手：一是各级政府出台包括《健康中国 2030 规划纲要》在内的相关政策法规的配套政策和细化方案，保证其可操作性，加大其落实力度，以法律的形式明确体育与卫生健康领域在健康促进中各自的任务和价值，具体说明体育和卫生健康二者在健康促进、疾病预防、治疗与康复方面的相关责任，切实保障人民体育健康安全；二

---

① 杨树安.推动全民健身和全民健康深度融合.http://www.gov.cn/xinwen/2016－11/10/content_5130936.htm,2016－11－10.

是强化各部门职能,打通各方资源、信息、人才的沟通渠道,保障融合界面畅通,促进体育与卫生健康服务相互渗透;三是根据新时代实现体医融合的新要求,修改当前符合体医融合的新政策,为推进体医融合提供相应的政策法律依据,为其产业融合发展提供良好的政策环境。

三、加强组织融合,加强体育和卫生健康部门的合作

体育和卫生健康部门是实现健康中国的两股重要力量,"体医融合"的疾病管理与健康服务模式的建立以及两者资源的整合,需要两个部门携手并进、共同推进。所以应建立具有协调职能和发挥作用的体医融合部际联席会议制度,定期开展"体医融合"及相关领域的工作事务的会议,强化工作落实。两个部门要同心协力,全面推进健康中国的建设,落实"体医融合"的各项工作。当前阶段,在具体合作中,建议双方要脚踏实地,扎实做到"四个联合"[①]:一是联合开展国民体质监测活动;二是联合培养能开具运动处方的医师;三是联合开展全民健康服务;四是联合促进体育和康复产业的发展。同时应不断加强两者内部的沟通,如体育工作者遇到卫生健康方面的问题可咨询卫生健康工作者,共同解决,反之亦可。

四、加强队伍融合,建立复合型专业人才培养模式

复合型专业人才队伍是发展"体医融合"的主力军,主要包括临床医生和康复治疗师。《国务院关于促进健康服务业发展的若干意见》[②]中提出,要加大人才培养及职业培训力度。支持高等院校和中等职业学校开设健康服务业相关学科专业,引导有关高校合理确定相关专业人才培养

---

① 中国体育报.赵勇在体医融合工作座谈会上强调:推动体育和医疗深度融合让老百姓不得病少生病. http://www.xinhuanet.com/sports/2017－05/16/c_1120977529. htm,2017－5－16.

② 人民网.国务院印发《国务院关于促进健康服务业发展的若干意见》[N].人民网,2013－10－14.

规模。鼓励社会资本举办职业院校,规范并加快培养康复治疗师、健康管理师、健身教练、社会体育指导员等从业人员。体医融合最大的难点与重点在于对慢病人群进行运动干预,而在慢性病的防治过程中,运动的有效性和安全性是实施运动处方的关键。目前,我国各级健康管理体系中,拥有开具运动处方能力的人才严重稀缺[①]。因此,必须加强队伍融合,建立复合型专业人才培养模式,提高可以开具运动处方的专业人才数量。

(一)建立体育类和医学类院校相关专业的交流与联合培养机制

应从学校、教师和学生三个层面建立体育类和医学类院校"体医融合"专业交流与联合培养机制。

第一,学校层面,应创新体医融合人才培养机制,将体力活动不足作为病因,将运动干预作为治疗手段纳入学校的预防医学、临床医学、全科医学等专业的课程体系中,并尝试开设《运动处方》课程,帮助医学生养成系统的、综合的慢性病防治思维,培养出具备运动知识和医学的复合型人才,使医学生在今后工作中能够开出运动处方[②]。

第二,教师层面,应建立对外交流进修机制,将对外交流成果作为教师晋升与考核的重要指标。体育类院校和医学类院校相关专业的教师,应前往对方院校进行交流学习,体育教师提升从医学角度认识生命周期、疾病发展规律的医学素养和能力,医学教师从运动生理学、运动训练学和肌动学等角度出发,学习运动知识与技能,建立对疾病预防、治疗、康复作用的认知。逐步培养一支复合型"体医融合"专业师资队伍[③]。

第三,学生层面,应在体育类院校及医学类院校之间建立联合培养机制,采取互修学分的形式,组织学生在体育类院校或医学类院校进行为期

---

① 王维民,吴庆园,马靖等.运动干预在慢性病管理服务中的应用[J].中国慢性病预防与控制.2016,24(12):940-942.

② 杜明斗.代谢综合征体力活动不足病因论[M].杭州:浙江大学出版社,2015:1-383.

③ 齐大路,方千华.大健康产业视野下我国运动康复专业人才培养改革与创新[J].武汉体育学院学报,2016,50(12):71-78.

不低于1年的交换学习。推动院校之间教学和实践等资源的共建共享,提升学生的学习质量和实践能力①。

(二)推进专业教育的课程体系和教材建设

在构建课程体系和制定教学计划时,不仅要让学生掌握现代康复治疗技术,还应重点培养其运动伤害防护、运动健康指导等方面的能力;在保证理论教学的基础上,增加实践教学的学时比例和实习实训的机会②。不仅要在常规教学中融入实践,更要加大实习保障条件的建设力度,建议进行至少为期1年的实习,并且为了保证培养质量,都应该将此类专业的医学、理学和教育学本科教育学制,统一设置为不低于5年③。另外,建议由体育类和医学类院校共同编制教材,注重知识体系的完整,强调理论与实践的结合。

(三)建立资质认证体系,推进相关岗位的设立

掌握体医融合知识技能的人才是推动其发展的关键,为相应的服务人员提供相应的从业培训,并建立相应的准入机制,是体医融合促进健康质量的重要保证。一是建立资质认证体系。借鉴英国《运动转介计划》经验,首先针对运动处方医生的培训,在培训的体系上应是多方参与共同成立的组织,开发由大家共同认可的学习或培训模块。其次,针对运动专业人员,需要建立资质认证标准,明确其在体医融合过程中所能从事的活动。最后,打通职业资格认证通道,从制度上保障相关人员的晋升空间;二是增加社区相关就业岗位。应统筹相关部门,推进社区相关岗位的设立,明确薪资待遇,落实工作条件,服务基层群众;三是加快推进全民健身科技创新平台和科学健身指导服务站点建设,服务群众健康的同时,为"体医融合"相关专业人才提供更多的发展平台。

---

① 刘宇飞.体医融合背景下高校运动康复专业人才培养探究[J].哈尔滨体育学院学报,2018,36(4):42—46.

② 刘晨.人口老龄化背景下"体医"融合发展研究[J].运动,2017,10(171):3—4.

③ 南秀玲.健康中国视域下"体医结合"发展问题及策略研究[D].西安,陕西师范大学,2018:1—49.

(四)鼓励社会力量参与人才培养

教育系统虽然是"体医融合"人才培养的主要途径,但其培养的数量是有限的,因此,鼓励社会力量参与,以多元化途径培养"体医融合"人才是未来发展的重要方向。今后,拥有开具运动处方能力的医生或医疗人员应通过行业协会考核、培训等形式来获得从业资格。在培训体系中,学校应充当提供优质师资队伍的角色。有相关工作经验或教育背景的社会人士都可以通过继续教育的方式加入"体医融合"的人才队伍之中来。推动社会力量和学校,开展系统培训,使全科医生、社区医生和家庭医生具备为群众开具个性化运动处方的能力。

五、加强产业融合,推动产业的业态融合与创新

体医融合本身不是产业,只是基于健康的一种理念和维持提高健康水平的技术手段。只有当体医融合与高精尖技术、高质量服务相结合,并与消费者健康消费相联系的现实需求和潜在需求有机对接,形成产业链条时,体医融合才能释放出巨大的经济能量,形成健康新产业、新业态和新模式[1]。当前社会各界虽然大多认可"体医融合"的产业开发前景广阔,但大都停留在探索和观望阶段[2]。加快"体医融合"产业发展,要从鼓励业态融合与创新入手,不断提升产业发展水平。鼓励科技创业公司介入"体医融合"领域进行探索,鼓励全民健身科技创新平台主打运动康复和专注慢性病运动方案的生成,还有通过运动切入健康管理与康复以及有氧能力检测切入运动指导和慢性病管理的科技创新。开展"体医融合"互联网服务,建立"体医融合"+"线上线下结合"模式,促进业态融合。采用微信公众号或 APP 等形式,与用户进行线上问诊,免费或适当收取专家咨询费,用户可通过下载 APP 或登录微信小程序,上传自己的健康数

---

① 李璟圆,梁辰,高璨等.体医融合的内涵与路径研究—以运动处方门诊为例[J].2019,7(39):23—32.

② 梅涛,胡杨.我国体医结合模式和体医结合教学的研究进展[A].第四届全民健身科学大会论文摘要集,中国体育科学学会会议论文集[C],2018:405—406.

据情况,然后得到针对性的科学健身指导建议;线下主要是通过运动康复门诊对用户进行诊断,用户可通过网上预约前来诊断。

六、加强服务融合,健全国民体质监测服务体系

体育和卫生健康部门要共同实施国民体质监测,实现国民体质监测全覆盖,建立国民健康大数据平台和运动处方库,为健康中国建设提供数据支持。

(一)健全国民体质监测平台并完善监测制度

健全国民体质监测平台,设立以社区、乡村为节点的监测站点。同时要完善国民体质监测制度,定期发布国民体质监测报告,强化国民体质监测中心体质监测、运动处方研发和人员培训等多元功能。支持社会力量开展国民体质测试服务,支持县级国民体质监测站建立在县级医疗服务机构,支持建立国民体质监测站与各级医疗机构之间的业务协作机制,将体质检测纳入医院体检项目,将体质检测报告纳入医院体检报告,相关指标纳入居民健康体检推荐范围,测试结果纳入居民健康档案。支持医疗机构开展集体质测试、运动风险评估和运动处方于一体的运动促进健康服务。提倡用人单位将体质测试纳入职工定期健康检查内容;倡导个人和家庭通过参加体质测试来评估身体状态,开放个人测试结果查询,有条件的可通过智能客户终端、网站等多元交互形式,与家庭医生和社会体育指导员交流。

(二)建立融体质测评和运动干预于一体的服务模式

将运动促进健康与个性化健康干预融合,探索建立运动促进健康、慢性病预防和康复等不同需求服务模式。比如增加对慢性病的筛查和监测,将血糖检测纳入国民体质监测中,不断完善和改进数据处理方式,为大众提供更加个性化的服务。建立一份个性化的国民体质健康电子档案,使得医生或者健身指导员能够精准掌握居民的身体状况。同时要将体质健康电子档案进行分类管理,按照健康、亚健康、普通疾病和高危四类人群进行档案管理,便于及时跟踪处理。

(三)建立国民健康大数据平台和运动处方库

加强各地国民体质监测工作,建立国民健康大数据平台,采取切实可行的措施,确保采集数据的真实度,为体育和卫生健康部门提供综合数据分析及决策依据。要加强对开展或实施体质监测的管理部门和工作人员的思想教育。通过第三方抽查,对各地反馈的体质监测数据进行复核,以最大限度的保障体质监测数据的真实性;重点研发和推广"高发慢性病"及特殊人群等项目的指导性运动处方,建设个性化健康需求和慢性病单病种干预的运动处方库,将被服务对象的基本信息、健康检查、体质测试、健康状态监测和评估、干预指导、方案实施、诊疗安排、费用支付等数据纳入国民健康大数据平台。

第三章　全民健身概述

第一节　全民健身的概念与内涵

一、全民健身的概念

(一)健身的概念

通过研究健身产生与发展的过程后发现,健身这一活动过程在世界上不同国家和地区都有不同的称谓,因此对其内涵的理解自然也就有差异。在古代,不管是东方国家,还是西方国家,人们对健身的认识是较为统一的,即强健体魄、修炼身心。健身与我国传统养生的含义基本上是相同的。我国传统养生方法就是通过独特的运动方式,来达到维持生命、延长寿命的目的。传统体育养生又称"道生""养性""保生"等。养生一词最早出现在《庄子》内篇中。其中,"生"意为生命、生存、生长;"养"即保养、调养和补养。简单来说,保养生命就是养生。养生与现代医学中所说的保健又有异曲同工之处,近代西医传入我国后,保健一词逐渐出现,其最初是一个医学专用术语,指个人与集体所采取的医疗预防与卫生防疫的综合措施。养生与保健对于个人而言,其含义是基本一致的,但对于集体而言,保健的范围更广泛。

现阶段,随着社会经济的快速发展,人民的物质生活水平日益提升,并开始追求健康的生活方式,一些人已将健康作为自己的第一需求了。人们关于健身的认识,大都是浅显的,认为健身仅仅是体育锻炼,实际上健身的含义不止如此。"健身"一词是在 20 世纪 90 年代出现的,在当时,除了医疗手段之外,其他所有为了人体健康而采用的方法与手段都被纳入了健身的范畴。在众多的健身方法与手段中，人们通过体育运动的方式实现健身的目的被称为体育健身，也称作"运动健身"。

20世纪90年代之后，我国从其他国家引入了大量的与健身相关的文献和资料，从此，人们对健身一词的理解就更加深入了。例如，林建棣在《体育健身指南》中指出，实质上健身的意思就是促使人的身体健全和体质增强。林笑峰先生认为，人类的身体不能任其自然发展，要对其加以建设，这是人类生长与发展的客观需要。健身是对人的身体进行建设或健全的有效手段，通过这个方法可以使人的体质不断增强。健身时，不仅要对四肢进行锻炼，而且要对头脑加以锻炼，因为头脑也是人身体的重要组成部分，头脑不健康，身体就难以实现整体的健全。毕春佑在《健身教育教程》中认为，建设和健全人的身体就是健身，实际上也就是说增强人的体质，这和前面的观点是一致的。朱金官在《健身健美手册》中认为，健身指的是通过对一定身体锻炼方式的运用来实现促进体质强健的目的。

不同的学者对健身含义的界定各有侧重，在分析上述几种观点之后可得出，健身是促进人体健康，提高生活质量的一种行为方式。我们可以对健身的概念作如下界定：健身是指运用各种体育手段，结合自然力和卫生措施，以发展身体、增进健康、增强体质和愉悦身心为目的的身体活动过程。健身包括一系列的行为过程，有智力行为、机体行为，也有社会行为，这些行为的实施都是为了改善身体健康状况，而不仅仅是从疾病的状态中脱离出来，可见健康是健身的主要目的。

现代健康新观念认为，健康的内涵不仅包含人的身心全面发展，同时还包括人心智方面的全面发展以及个体与社会的协调统一。可是，在现实生活中并不是每个人都清楚地了解"健康"的概念。人们通常将"健康"理解为没有疾病，"要拥有健康只要加强锻炼、合理膳食就可以了"。其实不然，"健康"的含义远不止这样简单。早在1948年世界卫生组织成立之时，就在其宪章中明确地指出："健康"不仅仅是没有疾病和没有衰弱的表现，更重要的是在生理上、心理上以及社会适应能力方面的一种完美状态。"健康"至少应该包括三个层面的含义：首先是自然性的，人首先是一个自然体,人的组织器官以及生理功能良好,这是生物意义上的一种健康状态;其次表现在文化性上,人不仅仅是一种动物,人具有自己的思维,具有非常丰富的内心世界,他不但要去适应自然还要去改造自然,从这个层面上来讲,健康的心态以及健康的行为与规范是文化层面上的健康;再次是社会性层面上的"健康",个人与社会之间不仅互为需要,同时还是一种互动的关系,健康的活动大多是一种个体的行为,但一定会受到特定社会制度、道德规范以及人际关系等方面的制约,因此健康的心理品质(如良好的认知、意志品质、处事态度、适度的情感及表达方式、高尚的审美情趣、自尊、自信、自爱等)就是社会意义上的健康。① 换言之,判断与衡量一个人是否健康,一定要从生理、心理以及行为等多方面进行综合分析,不仅要看所判断对象身体上的器质性或者功能性异常,还应该观察其有没有主观不适感,身上是否具备社会所公认的不健康行为。

综上,健身不仅体现了古汉语中养生的含义,而且也体现了现在我们通过所说的"发展身体""完善人体""增强体质"等。人类健全自己的身体,不仅要使身体从弱变强,而且要使身体从不完善到健全与完善。所以,"养生""发展身体""增强体质""完善人体"等词语都可以用健身一词来标记。这些词语的内涵在健身中都能够体现出来,所以说健身是一个具有综合含义的词汇,既有强健身体的意思,又有健全身心的含义。

(二)全民健身的概念

全民健身是指全国人民,不分男女老少,全体增强力量,柔韧性,增加耐力,提高协调,控制身体各部分的能力,从而使人民身体强健。全民健身旨在促进国民体质和健康水平的全面提高,全民健身活动的重点对象是儿童和青少年,倡导全民每天参加一次以上的体育健身活动,学会两种以上健身方法,每年进行一次体质测定。

我国之所以会产生全民健身的概念,主要有以下两方面的背景原因:一方面是世界大众体育对我国产生了广泛的影响;另一方面是对中国特

---

① 巩永波.全民健身路径[M].长春:吉林文史出版社,2014.

色社会主义国家进行建设的客观需求和必然产物,对这两个方面的分析具体如下。

1.世界范围内大众体育发展在中国的体现。20 世纪 40 年代后期,大众体育开始在西方国家尤其是发达国家出现,20 世纪 60 年代,西方发达国家的大众体育的发展规模初步形成,在 20 世纪 80 年代后大众体育的发展速度不断加快,其在世界上迅猛发展、势不可挡的趋势也开始越来越突出。在这种背景下,各种类型的世界性民间组织、政府组织都对大众体育给予了高度的关注与重视,不仅如此,世界上很多国家都以本国的实际发展情况为依据对一系列的大众体育发展规划进行了科学制定,大众体育在法律层面上又有了新的发展,发展规划的建立确保了大众体育的健康、可持续发展。

随着世界大众体育运动发展势头的日益强劲,许多国家深深地受其影响,纷纷对本国的大众体育发展规划进行有组织、有计划的制定,并对长期奋斗目标进行了明确,对具体落实计划进行了科学规划。例如,澳大利亚的《生命在于运动计划》《积极澳大利亚》;加拿大颁布了有关大众体育的《积极生活》;韩国的《小老虎体育健身计划》;德国制定了《家庭体育奖章制》和《黄金计划》等;新西兰的《国家运动计划》;英国的《年代体育战略规划》和《体育:提升娱乐》;比利时的《每家一公里计划》;美国提出了《最佳健康计划》和《健康公民 2010》;日本出台了《东京都增进健康计划》《国家体育促进与大众体育建议》和《迈向 21 世纪体育振兴策略》。这些计划的实施使得体育与健康、卫生、生活方式及质量等之间的关系日益密切,进一步促进了大众体育运动的发展。

随着大众体育的广泛发展,我国也开始认识到了这一趋势与现象。我国是世界人口大国,我国如果要发展大众体育,不但会对本国造成影响,而且会影响全世界。在观察到世界大众体育运动的发展势头后,政府对大众体育在我国的发展进行了认真规划和科学布局,并对专门的法规性文件——《全民健身计划纲要》进行了制定、颁布与实施,而且实践证明这一决定是英明的。从这一点来看,世界大众体育的发展潮流直接影响了我国全民健身活动的开展,实际上,大众体育在我国的发展正是通过全民健身活动体现出来的。

2.建设中国特色社会主义国家的客观要求。人才是我国社会主义现代化建设的根本力量,社会主义事业的发展程度直接受到人力资源质量的影响。因此,在和谐社会的构建过程中,一个至关重要的问题就是人的健康问题。而且国际社会也普遍认同在建设国家的过程中要将人的问题充分重视起来。人是社会发展的根本,而健康又是人发展的根本。我国经济建设和社会发展要求国民整体上要有良好的素质。而从整体上提升全民素质的一个很重要的途径就是全民健身,在促进全民体质增强,促进国民健康水平提升的过程中,全民健身发挥的价值与作用是积极的、巨大的。

中华人民共和国成立后,我国大力发展体育事业,并取得了可喜的成就。具体表现在:全国各地普遍开展群众性体育活动,而且活动内容丰富,活动形式多样;我国的体育物质条件得到了明显的改善;体育活动的参与者大量增加;人民的体质与健康水平日益提高;在促进人民整体素质提高、加强社会主义建设的过程中,体育发挥着日渐显著的作用。

以上这些成就都说明我国社会各界普遍重视与支持全民健身工作。但需要注意的是,我们不仅要看到全民健身工作开展的成就,也要看到在发展中存在的不足。总体上来说,我国全民健身工作的现状与我国现阶段社会主义现代化建设的需要还不相适应,具体表现在以下几方面:

(1)群众普遍还没有较强的体育健身意识,我国还没有特别广泛地开展群众性体育活动。

(2)群众参与体育锻炼的需求得不到满足,现有体育场地设施向社会开放的情况不多见。

(3)我国还没有先进的全民健身工作科学技术和监测管理系统。

(4)我国对相关法规、文件的执行力度还不够。

(5)与社会主义市场经济体制相适应的全民健身管理体制和运行机制还未建立,处于摸索阶段。

我国在发展经济与体育的过程中,要通过合理的政策与有效的措施来对以上这些问题逐步加以解决。1995 年,《中华人民共和国成立体育法》和《全民健身计划纲要》正式颁布实施,这是我国相关部门经过反复酝酿和多次论证修改的结果。

这些法律制度的颁布标志着我国全民健身活动正式起步并进入了规范发展的轨道。此后,全民健身活动的参与者有法可依,并拥有了健身的权利。

二、全民健身的内涵

《全民健身计划纲要》明确指出:"为了更广泛地开展群众性体育活动,增强人民体质,推动我国社会主义现代化建设事业发展,特制定本纲要。"群众性体育活动、人民体质、社会主义现代化建设事业是这句话的三个关键词,全民健身的主体、内容和目的是这三个关键词传递出的重要信息。

《全民健身计划纲要》中明确指出,全民健身计划的实施是以全体国民为对象的。全民健身中,"全民"指的是具有中国国籍的十几亿国民,无论男女老少,不管东西南北,甚至居住在国外的侨民都在这个范围中。"健身"就是对人的身体进行健康维护,并促进体质不断增强。我国一些学者对全民健身概念的界定主要从两方面入手,即对象和方法,因此将全民健身界定为全体人民采取不同的手段、方法达到增强体质的目的。蓝新光在《全民健身大视野》中提到,对于我国而言,"全民健身"已经不仅仅是一个简单的词汇,它已是我国建设社会主义现代化过程中的一项事业,是我国亿万同胞的体育实践。在 20 世纪末期,全民健身是当时的体育热点,是我国特有的社会现象。"全民健身"的含义已经不仅仅是全国人民来健身这样浅显的字面意义了,它已经成为"全民健身事业""全民健身计划""全民健身战略""全民健身工作"及"全民健身工程"等的代名词了,内涵更加丰富了。

强身健体是我国全民健身的主要功能和作用,但不是唯一的。积极向上、团结合作、遵守规则、公平竞争、和谐发展等都是全民健身所倡导的重要精神及理念,这与我国构建和谐社会的理念基本上是完全相符的。所以,我国要继续探索如何将全民健身的作用与功能更好地发挥出来,使其在社会主义事业发展和人民生活质量方面都能够起到积极的促进作用,使人们不仅将全民健身看作是身体运动,更看作是一种健康的生活方式。这样,全民健身才有可能成为促进社会进步与发展的重要推动力,和谐发展、公平竞争、崇尚规则等理念才有可能真正的落实。

综上可知,全民健身的含义在不断演化,并且向"中国特色的大众体育"层面不断延伸,其具备内涵如下:

(1)全民健身活动的法律法规与组织。

(2)全民健身活动设施与资源开发。

(3)全民健身活动分类与基本内容。

(4)中国社会体育指导员、市民健身、农民健身、学生健身、特殊人群健身。

(5)全民健身效果评价以及全民健身的国际借鉴等。

第二节 全民健身的内容与特征

一、全民健身的内容

(一)普通健身人群活动内容

1. 个体健身活动内容。通过查阅《中国全民健身现状调查结果报告》发现,长走与跑步、足篮排球、羽毛球、游泳、体操、乒乓球、登山、跳绳、台球与保龄球、舞蹈是在我国体育人口健身活动中排名前十的。这些活动内容与过去相比,相对具有一定的稳定性。与过去相比,参加太极拳、气功、武术、门球、地掷球等项目的人数有所减少,而舞蹈、球类等有很强的娱乐性与竞技性的项目参与者有所增多,登山的人也较过去有了增加。

2. 群体锻炼健身活动内容。据调查发现,我国城乡居民参与全民健身活动点从事的体育项目排在前九位的依次是健身健美操、武术、秧歌、交谊舞、广播操、羽毛球、气功、门球、网球。与以前相比而言,气功项目的参与者有所减少。以前气功在居民的健身项目中排名第一,现在排第七。基本上,有很多居民活动点将这些项目作为长期锻炼的项目,也有少数居民活动点按照季节调整相应的锻炼项目,随体育潮流的变化而更换活动项目的活动点也有,但比较少。

之前,人们只是参与大众健身中几个有意思的项目,现在随着全民健身运动的不断发展,各种各样的项目都成为全民健身路径。当前,具有创造性的大众健身锻炼项目不断出现,如太极柔力球就是一个典型,中老年健身人群普遍都喜欢参与这项运动,其是羽毛球与太极拳技术和思想的结合,对于中老年人锻炼身体十分有益。老年拐棍操也是一个比较新颖的项目,它由上海市某社区设计而来,主要是为了满足老年男子锻炼的需要,这一项目动作合理,形式诙谐,颇有趣味,因此对老年男性有很大的吸引力。

(二)商业健身人群活动内容

1.商业健身概述

商业健身全称是"商业健身服务业",是通过将优质的体育健身产品和优良的服务提供给客户,从而使客户健身需求得以满足的服务行业。

作为体育产业的重要组成部分,商业健身服务业在大城市的发展十分迅速。从另一个角度来看,商业健身服务业在大众体育中也是一个重要组成部分,其在大众体育中的作用与地位都很重要。然而,有些人错误地认为,这不是大众体育的一部分,只是那些为富有的人服务的行业,其实从本质上而言,其从属于大众体育的范畴。

2.商业健身的特点

(1)商业健身服务业中,不管是企业,还是客户,增强体质是他们共同追求的目的。

(2)从第一点商业健身的目的性来看,商业健身属于大众体育健身的一个重要组成部分。

（3）商业健身服务业的客户有良好的经济水平，而且随着社会经济与人民生活水平的提高，这部分群体在不断壮大。

（4）商业健身中，健身设施和环境较为优越。

（5）在健身过程中，客户通常都能够得到专业的、科学的指导，因此健身的效果较好。

（6）健身者在健身过程中必然要投入较大的资金，这是其为健康投入的成本。

（7）商业健身服务业中，企业是以营利为根本目的的。

3.商业健身服务业的意义

（1）健身俱乐部拥有高质量的健身设施与良好的健身环境，所以客户个人特定的健身目标（减肥、健身、塑形、娱乐）基本上可以在此实现。

（2）特定社会阶层的健身与心理需要可以在商业健身中得到满足，这也是"市场细分"的必然结果。

（3）商业健身对于体育产业的整体发展具有积极的推动作用。

（4）公益性大众健身存在一定的不足，这在商业健身中能够得到弥补，一定程度上可以使公益性大众健身资源有限的问题得以解决。

（5）商业健身有利于增加就业机会，促进社会就业率的提高。

4.参与商业健身的活动内容

调查显示，客户参与的商业健身活动内容中，排在第一的是操类课程。具体包括搏击操、健美操、肚皮舞、瑜伽、游泳、剑道等。普拉提、动感单车、跆拳道、有氧功率跑台等也是主要的健身活动内容。在一些高档的商业健身企业中，网球、高尔夫球等也是常见的项目。

以上这些健身项目对于人的健康体能的发展十分有益，不同项目侧重发展的体能是不同的，有些侧重发展人的力量，有些侧重发展人的柔韧，有些更侧重促进人的有氧耐力的发展。

有许多健身项目大都来自国外，如韩国的跆拳道、印度的瑜伽、日本的剑道等。从文化角度来看，韩国跆拳道充满各种教育因素，如仁、礼、勇、信等；印度的瑜伽有古老的印度文明的支撑；日本的剑道体现了日本的勇士精神。从这些项目的需求人群而言,白领阶层是喜爱这些产品的主要人群,他们喜欢这些产品不仅是因为通过这些项目可以健身,而且还有一定的精神追求,信其"道",亲其"师"。不同项目对应了有不同目的与追求的人群,比如力量训练与形体健美是喜欢健美的人士追求的产品,有氧跑台上运动是需要减肥的朋友热衷的一个主要项目。

很明显,在商业健身服务业中,客户在参与健身活动时对场地、器材等设施以及环境和服务都有较高的要求。

(三)全民健身中的竞赛活动

体育活动的基本特点中,竞赛是其中一个特征表现,竞赛也是参与体育活动的一个基本手段。在全民健身活动的发展中,离不开竞赛发挥杠杆作用。

目前,"全国体育大会""民族传统体育运动会"等是我国具有全民健身性质的主要大型综合赛事。全国门球比赛、全民健身路径的比赛、全国舞龙及舞狮比赛等具有全民健身性质的大型单项竞赛活动也有很多。从年龄来划分,全民健身中的竞赛活动有老年人的竞赛活动、青少年的竞赛活动等。

需要注意的是,全民健身活动竞赛的举办目的与手段与竞技体育竞赛是不同的。对大众体育竞赛活动进行组织与举办时,不可以简单用竞技体育竞赛的方法来全面处理。全民健身竞赛比的是更健康、体育素养更高,而不是"更快、更高、更强"。在现阶段,我国大部分大众体育竞赛活动都是通过对竞技体育竞赛办法的盲目套用而举办的,这需要引起有关部门的关注与重视,及时纠正这一错误的做法,采取合理的对策来正确地举办大众体育赛事,明确赛事的目的、任务、内容及价值所在。[①]

二、全民健身的特征

(一)全民性和公益性

全民健身具有全民性的特征,这主要体现在其坚持以人为本的理念,

---

① 任建华,刘紫婷,张建辉.全民健身导论[M].哈尔滨:黑龙江人民出版社,2012.

服务对象是全国国民,实行的是大众服务,对公民平等参加体育的权利依法加以保障,让全体国民通过全民健身活动享有体育,享受乐趣,可见全民健身不是惠及一部分人,而是全体大众。人人都有权利参与全民健身活动,但每个人同时也受到一定公共规则和社会道德的约束。

群众性体育事业具有公益性的特征,顾名思义,公益指的是公共的利益,而社会公众就是公共的具体表现。作为一项公益性社会事业,全民健身活动的发展离不开社会主义市场经济体制的影响,因此国家不对这份事业大包大揽,其是一项具有福利性特征的事业,政府、社会、公民都有相应的责任,并各自依法承担与履行责任。

(二)健身性和娱乐性

群众体育的众多追求中,一个明显的本质追求就是健身性和娱乐性。群众体育具有鲜明的健身性特征,这主要是指经常参加体育活动能够促进人的体质健康,促进体能素质的提高,使人保持长期的活力。群众体育同时具有娱乐性,这具体是指人们在体育活动中心灵可以得到放松,精神会振奋。健身性和娱乐性是相辅相成的关系,健全的身体实际上包括了精神的健全,精神健全是以身体为载体的。作为群众体育活动的参与主体,亿万群众在自愿、自主的基础上,以直接的身体活动参与体育运动,从而达到身心健全和精神饱满的目的。

(三)多元性和灵活性

1.服务对象的多元性与灵活性

全民健身的多元性与灵活性特征主要体现在服务对象上。全体国民是全体健身服务体系面向的对象,青少年、中年、老年,不同阶层、不同文化程度、不同职业等所有人群都包含在内。所以,全民健身活动面对的服务对象各不相同,因此需要提供不同的服务。

2.投资主体的多元性与灵活性

多元性与灵活性也体现在全民健身的投资主体上。全民健身计划的实施必然需要投入一定数额的资金,这是基础保障。《全民健身计划纲要》提出:"体育部门要改善资金支出结构,逐步增加群众体育事业费用在预算中的支出比重,鼓励企事业单位、社会团体、个人资助体育健身活动。"实施全民健身计划的资金来源是多元的,主要由政府拨款、社会筹集和个人投入三部分组成。随着我国经济体制的日趋完善,我国全民健身计划的实施也会有更加灵活的投资方式。

3.工作方式的多元性和灵活性

随着全民健身的深入发展与活动的广泛开展,一个多元的工作体系和工作方式逐渐形成,这个体系中主要由政府组织、社团组织、单位组织、社区组织以及民间健身俱乐部组织组成。在整个体育组织系统中,各个机构都发挥着自身的作用与价值,如政府体育机构、社会体育指导中心、体育社会团体、群众健身辅导站等。

第四章 全民健身服务体系研究

第一节 全民健身服务体系的目标和原则

一、全民健身服务体系的目标

根据《体育事业发展"十三五"规划》确定的战略目标和总体部署：结合城市发展、城市建设、全民健身计划实施情况及体育公共事业发展的现实，经过几年的艰苦奋斗，营造良好的体育锻炼环境，提高居民的健康素质；初步建成全民健身服务体系，要创建一个科学、文明、健康的体育生活环境；做到设施基本齐全、指导基本到位、信息基本畅通，切实保障居民平等享有参加健身活动的权利，满足居民日常生活的体育需求。

二、构建的原则

(一)科学性原则

构建的全民健身服务体系必须能够明确地反映居民体育需求与各指标的支配关系。指标体系的设置应有一定的科学性，应是实现体育需求的可行性路径。指标体系的设置要简单、合理，要切实符合政治、经济、文化等的发展现实，能够有效地应用到全民健身服务实践中，充分体现出科学性构建原则。

(二)导向性原则

全民健身服务体系的构建要与城乡综合配套改革、全民健身工程、雪炭工程、群众体育健身工程等政策法规相协调、相统一，具有鲜明的导向作用，能充分反映全民健身服务发展的目标和内涵。

(三)区域性原则

全民健身服务体系是一个区域性概念,应从区域范围的角度入手,采用宏观指标即全民健身服务的规划体系、融资体系、供给体系、评估体系、监督体系等进行整体构建,但在实践过程中,更要充分结合具体现实加以灵活运用,不遗余力地发展全民健身服务。

(四)特色性原则

全民健身服务体系的构建是一个特定地区体育事业的发展过程,在这个过程中,全民健身服务体系构建工作应体现对地方文化传统和生活习惯的尊重,应体现对体育民俗和体育文化的保护,要尽可能地按照当地的地理环境和居民长期以来形成的健身活动喜好去供给体育产品和体育劳务。

(五)均等性原则

均等化是当前政府和社会各项公共服务事业发展的目标。公共服务均等化就是人人都能享受到公共服务,享受公共服务的机会是平等的。全民健身服务主要靠政府体育财政投入所形成的公共体育资源供给。在举国办体育的体制下,体育领域的财政支出不仅存在群众体育与竞技体育的严重失衡,而且不同社会群体在公共体育资源享有方面也存在巨大的差异。因此,这里强调的均等性原则并不是指所有居民都要享有完全一致的全民健身服务,而是在承认政治、经济、文化差异的前提下,保障居民都享有基础性的全民健身服务,即底线全民健身服务,保障居民对全民健身服务都有同等的满意程度。

(六)效率性原则

效率是指有用功率对驱动功率的比值,最有效地使用社会资源以满足人类的愿望和需要。公共部门的效率包括生产效率和配置效率,生产效率是生产或者供给服务的平均成本,配置效率是组织所供给的产品或服务能否满足需求者的不同偏好。因此,在全民健身服务体系的实践中应重视全民健身服务投入、产出及配置的问题,遵循效率规律。让更多的企业、社会组织及个人参与到全民健身服务活动中来,缩短体育公共产品供给的路径,使农村居民享受到更多、更好的体育产品和体育服务。

第二节　全民健身服务体系的要素

　　构建全民健身服务规划体系,要积聚政府、社会的各方面力量,根据整体情况和全民健身服务需求的发展变化,制定合理的总体规划和阶段发展规划体系,全面协调全民健身服务体系与政府、全民健身服务体系与社会组织之间的关系,有效地整合系统的组织机构和社会资源,将全民健身服务体系的目标转化为与大众整体利益直接相关的全民健身服务项目。在制定各项规划过程中,要注重凸显规划的前瞻性、操作性、动态性和持续性:一是注重规划的前瞻性。全民健身服务体系的建设是一项长期的系统工程,在不同阶段须以具备先导性的发展蓝图和行动纲领为指导。所以,在制定规划体系时,各职能部门应首先深入分析国家的时事政治,深入分析国家的大政方针,深入分析体育健身发展趋向,广泛听取官员、专家、学者及社会各界对规划编制的意见,预见性地考虑全民健身服务面临的主要问题。二是注重规划的操作性。大众全民健身服务规划体系切实为居民提供全民健身实施依据,应确保该体系的真实性、可靠性、可行性,避免出现操作上的偏失。三是注重规划的动态性。事物总是处于发展的动态过程中,因而指导事物发展的规划也必须具备相应的灵活性,事物在发生变化或重大转折时,依旧能够确保全民健身服务的正常运行。四是注重规划的持续性。大众全民健身服务体系规划必须与整体发展战略规划、经济社会发展规划、社会主义新发展规划、城市发展规划等相协调、相统一。

一、技术要素

　　技术条件类是指全民健身服务所必需的公共体育场地、体育设施设备、体育器械等物质技术条件。健身服务是一种过程化服务,体育促进是一种无形产品,体育促进的经营主体只有依托于公共体育场地、体育设施设备和器材等物质技术条件才能实现体育促进的生产和交付,完成健身服务的过程。因此,公共体育场地、体育设施设备等物质技术条件是全民健身服务经营主体向全民提供健身服务的依托和基础,是全民健身服务体系的重要组成部分。

全民健身服务体系的技术条件又可以分为两大类:(1)体育场馆及附属用房(场地)等建筑设施类;(2)体育设施设备器材等专业设施类。

群众建筑设施包括各种体育馆、公共体育场,其中小的休息室、更衣室、洗浴室、咨询处、寄存处等既属于建筑设施也可以看作服务设施。

专业设施包括生产和提供健身服务产品而所必需的专业设备和专业器材,如乒乓球台(乒乓球)、保龄球道(保龄球)、综合(单一)健身器等。在健身健美、康复体疗、运动处方咨询等健身服务中,还需要有专业的测试设备。

作为健身服务的物质技术总则,无论是建筑设施还是专业设施,一般应该满足齐全、舒适、完好、安全四个条件。

齐全　设施设备的齐全既包括建筑设施的齐全,也包括专业设施的齐全。一座城市(地区)在规划体育设施的时候,首先要考虑的是体育建筑设施的齐全,更要依据群众喜欢的运动项目而设定。作为一个具体的健身服务企业,则不仅要考虑体育建筑设施的齐全,同时也要考虑专业设施的齐全,即既要有设计新颖美观的体育场地和服务性设施,也要有本项目所必需的各种专业设施设备器材。

舒适　公共体育场地设施设备的舒适程度是衡量全民健身服务体系功能状况的重要指标,是提高健身服务质量的重要因素。公共体育场地设施设备的舒适程度第一取决于设施设备的配备档次(在建设体育场地的时候就要重视设施的选购配备);第二取决于设施设备的维修保养(平时要加强设施设备的使用管理和维修保养)。

完好　公共体育场地设施设备的完好程度直接影响健身服务的质量。如果公共体育场地地板开裂、场地不平、灯光不明、座椅破损,或者没有休息、寄存物品的地方,即使体育锻炼激烈精彩,也会使全民健身服务的质量大打折扣,造成群众的不满意。所以,体育相关政府部门必须经常保持设施设备的完好,以避免因为设施设备的问题而影响全民健身服务的质量。

　　安全　包括公共体育场地及附属用房(场)等建筑物的安全,体育器材器械等专业设施的安全,健身活动项目的安全以及群众的财物和人身安全等。建筑设施、专业设施、服务设施的安全等最终都是为了保证群众和健身服务人员的人身安全。所以,体育部门必须经常检查各类设施的安全状况,及时消除安全隐患,切实保证各类设施的安全,从而保证群众和健身服务人员的安全。

二、职能要素

　　职能条件类是指全民健身服务所必需的服务人员以及他们在履行服务职责时所采用的服务方式、服务手段、服务环境等。健身服务的生产与消费具有时空一致性的特点,生产的过程既是消费的过程,同时又是健身服务人员和群众接触、交流、沟通的过程。体育群众消费者对健身服务质量的感知,不仅取决于物质技术条件,同时也取决于体育企业的职能条件。只有物质技术条件和企业职能条件紧密结合,共同发挥作用,才能实现体育产品的生产和交付,完成健身服务的过程。因此,健身服务人员、服务技巧等职能条件是全民健身服务经营主体向消费者提供健身服务的保证,和物质技术条件一样,也是全民健身服务体系的重要组成部分。

　　全民健身服务体系的职能条件也可以分为两大类:健身服务人员及其服务能力等服务技能;服务项目、卫生等服务环境类。

(一)服务技能类

　　服务技能包括健身服务人员的专业水平、服务方式、服务技巧、服务态度、服务效率等。健身服务是无形的,服务推广的过程就是服务人员和消费者打交道的过程。在这个过程中,健身服务人员的服务技能将直接影响消费者对服务质量的感知。

1. 专业水平

全民健身服务的服务人员包括运动员、教练员、裁判员、社会体育指导员以及与全民健身服务有关的人员。健身服务人员的专业水平是服务技能的核心内容,也是全民最为关心的问题,对全民健身服务的质量起着决定性的作用。NBA篮球联赛之所以激动人心,世界杯足球赛之所以观众如潮,首先在于参与者与组织者有着高超的专业水平。我们经常看到有的健身健美俱乐部顾客盈门,而有的则门庭冷落,除了其他因素之外,技术指导人员的专业水平起着很大的作用。所以,全民健身服务的经营主体必须努力提高服务人员的专业水平。

2. 服务态度

服务态度是提高服务质量的基础。服务态度取决于服务人员的主动性、积极性和创造精神,取决于服务人员的综合素质、职业道德和敬业精神。良好的服务态度表现为主动、热情、周到的服务。健身服务是一种接触性很高的服务,亲切和蔼、表情愉悦、态度友好的服务人员,会给消费者一种信任和安全感,可以减轻消费者因某种不便或技术出问题而产生的不满和怨言,有助于服务人员与消费者的沟通,有助于拉近服务人员与群众的距离,有助于体育企业建立良好的形象。服务方式与服务技巧是提高服务效率和服务质量的基本前提和技术保证。服务人员的礼节礼貌、沟通能力也是服务方式与服务技巧的内容之一。服务方式、服务技巧与服务态度相辅相成,共同作用,形成良好的服务。再好的服务态度也不能取代服务方式与技巧,同样,再好的服务方式与技巧也不能代替服务态度。服务方式与技巧取决于服务人员的专业知识和技术水平。因此,全民健身服务不仅要加强健身服务人员职业道德和敬业精神的教育,更要加强服务人员服务方式与服务技巧的培养。

3. 服务效率

效率是劳动量与劳动成果的比率。健身服务的效率是全民健身服务体系功能的集中表现,取决于健身服务人员的专业水平、服务态度和服务方式与技巧,反映了健身服务企业的精神面貌和风格,是优质服务的核心,是服务质量最重要的组成部分,既关系到群众对服务质量的感知和评价,也关系到健身服务企业的形象和效益,应该引起体育部门的高度重视。体育企业应当加强服务人员的经常性培训,提高专业水平,改进服务方式,改善服务态度,从而提高服务效率。

(二)服务环境类

服务环境类包括体育产品的生产经营主体向群众提供的服务项目和体育场地等消费场所内外的清洁卫生状况、环境氛围等。

1.服务项目

服务项目可以分为基本服务项目和附加服务项目。基本服务项目指在服务指南中明确规定的,所有群众都可以享受的服务项目。附加服务项目指个性化的服务,即部分群众需要的,而不是每一位群众都需要的服务项目。健身服务企业应该在条件允许的情况下,尽可能设置齐全的服务项目,满足不同消费者的需要,使消费者感到便利、舒适、温馨、安全,有一种宾至如归的感觉。

2.卫生状况

卫生状况是指公共体育场地内外的干净、整洁、卫生程度。主要包括场馆场地卫生、设施器材卫生、服务用品卫生以及服务人员的个人卫生。卫生状况反映了健身服务的服务意识和管理水平。群众都愿意到卫生状况良好的公共体育场地观看比赛、参加锻炼或休闲娱乐,没有人愿意到池水浑浊的游泳馆游泳,也没有人愿意到异味刺鼻的健身馆健身健美。所以增强服务意识,提高管理水平,保持公共体育场地内外良好的卫生状况,对于健身服务部门来说,同样是非常重要的事情。

3.环境氛围服务

环境氛围是指健身服务部门向消费者提供服务的场地和场所给消费者的视觉感受和心理感受。环境氛围包括两方面:一是公共体育场地所处的地理位置和周围环境。公共体育场地所处的地理位置远近适中、交通便利、来去方便,周围树绿花红、空气清新、环境优美,就可以吸引更多的消费者。二是体育场馆内部的环境状况。专业设施设备是否齐全完好,摆放布置是否美观合理,场馆内器材、用品是否干净卫生。

三、组织管理体制要素

全民组织管理体制是指群众体育管理体系与运行机制的总和。20世纪80年代以来,随着我国政治体制改革领域中的政府职能转变,政企分开与权力下放,经济体制改革领域中企业自主权的扩大和成为自主经营的经济实体,劳动、工资和社会保险三项制度改革;社会福利领域中职业福利待遇与福利政策模式转变,社区服务业兴起与蓬勃发展等,共同促进了我国城市社区发育与社区发展。同时,随着我国资源配置结构的变化,我国的社区群众体育治理结构也在发生着变化,即逐渐由传统的以政府行为为主的街居制向以政府指导帮助、社会和民间行为为主的社区制转变,伴随着这一转变,我国群众体育的管理体制也必将发生改变。

(一)群众体育组织管理的原则

在管理过程中,原则是管理主体行为必须遵循的行为准则。群众体育管理的基本原则即群众体育管理的主题活动的基本准则,群众体育是以满足群众的身心健康需求为主要目的的群众性健身活动,其管理原则应主要围绕着实现这一目标来制定。具体来说,我国群众体育管理的基本原则如下:

1.人本原则

群众体育的开展要以人为本,要把群众体育真正作为社区内广大居民群众的一项事业来抓,充分调动社区居民在群众健身活动和建设中的积极性、主动性和创造性,要确立社区居民有自主选择和自我发展权利的思想。从较低的目标来看,群众体育是要满足社区居民的多方面体育需求;从较高的目标来看,群众体育则是以追求"人的自由全面发展"为己任。因此群众体育管理过程中,应把满足社区居民的多方面体育需求作为开展社区各项健身活动的出发点和归宿,因为群众体育的服务对象只能是社区内的广大居民群众。

2.服务原则

群众体育是以满足社区成员的体育需求,增进群众的身心健康为主要目的的群众性健身活动。从本质上讲对这种健身活动的管理是非管制的,群众体育从产生开始,就是以提供服务为活动的主要形式,因而群众体育管理应主要立足于服务上。根据社区居民的体育需求,充分利用社区资源,为社区成员提供公益性、福利性和互助性的服务。从当前情况看,群众健身服务主要包括场地设施服务、体育指导和咨询服务、健身活动计划服务和体育信息情报服务等。

3.公益性原则

群众体育的基本目的是提高群众的健康水平和生活质量,建立文明、健康、科学的生活方式,增强群众的社区认同感和归属感,促进社区发展。群众体育所具有的公益性和福利性的特点,决定了对群众体育的管理不是以营利为目的,而应把追求社会效益放在首位,虽然群众体育中有时需要收取一定的费用,但社区体育更多的是无偿或低偿服务。

4.因地制宜原则

社区之间往往存在着较大的差异,因此,在群众体育管理中应坚持因地制宜原则。即各社区一定要以本社区的经济发展水平和本社区居民的实际需要为出发点,量力而行,制定出适合本地区的社区体育工作计划和群众健身活动内容。如在体育场地设施的利用方面,可采用以下几种方式:充分利用辖区单位已有的场地;充分利用辖区的公园、广场;充分利用辖区的江、河、湖岸及水域;将辖区一切可利用的空地开辟成健身活动场地。

5.自主性原则

群众体育是一种居民自愿、自主的健身活动,对这样一种健身活动的管理要以自主管理为主。社区内的各种体育组织均为自治性组织,群众应成为群众体育事务的管理者,承担群众体育的管理应充分发挥群众体育骨干及全体群众的积极性和主动性,采取各种激励措施激发居民的体育动机,提高居民的体育兴趣,以实现自主管理。

(二)全民健身管理发展的途径

1. 大力开展群众体育的宣传教育活动,使群众体育意识深入

舆论是行动的先导。要大力发展群众体育,就必须切实重视对群众体育工作的宣传。如前所述,当前我国群众对体育参与不足的主要原因,除了生活琐事、场地设施不足之外,更主要的在于群众对健身活动的认识不足,体育作为人们社会生活中不可或缺的一部分并未被所有的群众所接纳。为此应使社区体育的管理者、社区居民都充分认识到开展群众体育是不断提高社区成员生活质量不可或缺的重要组成部分。进行群众体育宣传的方法多种多样,常用的有如下几种:一是利用社区宣传媒介如社区有线广播、有线电视网络;二是通过组织各种健身活动进行宣传;三是在开展社区文化活动过程中,安排一些健身活动内容,对居民进行宣传;此外还可以通过举办一些专题健身知识讲座,以提高居民对开展社区体育的认识,等等。

2. 搞好群众体育产业,促进群众体育与经济的结合

群众体育的正常开展,必须有人、财、物、时间等。其中资金是开展社区体育的物质保证。关于资金的来源不外乎三个方面:一是政府的投入,二是各种社会捐助,三是利用社区现有的资源的开发创收。现阶段我国正处于社会转型期,社区体育的开展仍应发挥政府投入的主渠道作用,逐步改善群众体育设施不足的现状。特别是要鼓励和支持社区各界开发群众体育设施,向经营方向发展,搞好群众体育产业,引导群众进行体质健康的消费意识。这样,可实现群众体育事业与企业经济发展的互动,既提高了企业的声誉,又为群众体育发展提供了场所和经费。

3. 促进民间体育组织的发展,加强群众体育的指导

随着我国社会经济的发展,城市社区人口的异质性程度加大,社区中不同人群的体育需求差异加大,群众体育缺乏指导这一问题将会更加凸显。因此需大力加强群众体育的指导,充分利用社区的非营利性组织开展群众体育,以群众健身活动站、点为龙头,以社区各街道、居委会、住宅小区为活动阵地,以为社区居民搞好服务为基础,大力开展社区居民体育

健身活动。

四、全民健身服务体系的保障元素

体育设施是进行健身活动的场所,包括建筑物与空地,以及为健身活动所设置的设备的总称。体育设施是体育事业发展最基本的环境条件,群众体育设施是进行群众体育的场所。在各式各样的群众体育设施里,每个人都在寻找、挑选、修正与实践着自己的运动方式。体育场地设施的保障是制约群众体育开展的关键因素,为了满足群众的体育健康促进需要,应该从两方面加以重视与管理:其一,灵活运用现有的体育设施与场地,充分提高利用率;其二,要科学建设多层次、多功能、多元化的设施网络。

(一)全民健身服务体系的设施保障元素

1.统筹规划,构建群众体育生活设施保障

依据现代城市群众健身活动的发展现状,体育设施应当满足群众日常生活、闲暇时间等的体育运动需要。因此,城市群众的健身活动设施主要围绕在社区层次中。

2.构建完整、完善的社区体育设施

在社区体育设施的建设中,要不断完善体育健身场所、社区公共场地以及社区健身中心、俱乐部等。

(1)建设完善的群众体育健身苑

体育健身场所是指建设在居民附近的户外体育运动设施,其占地面积一般较小,其中的设施建设简便易学,正是它所具备的这些方便、实用等优势,使得体育健身场所在群众的健身服务体系中发挥了重要的作用。具备户外特征的社区体育设施常受到人为、天气等因素的损害,故要定期对其进行更新和建设,确保体育设施的可持续利用。另外,社区体育设施的建设要严格遵照建筑安全和规划规定,在保证充足的预留共用场地基础下,增设和完善居民周边的体育运动设施,为群众晨、晚锻炼活动提供便利的环境。

（2）加强对社区公共场地的建设

为了弥补体育健身苑面积小、体育设施简单的不足，可加强对社区公共场地的建设，在面积相对较大的场地可以增设适合老年人、青少年、中年人等更多的健身人群的体育锻炼需求。可采取以下措施进行改进：首先，在城市规划和建设用地时，要充分考虑公共场地的预留问题；在占地面积较大的体育健身苑地，可适当地增设适合群众身体发展特征的体育器械，拓宽健身苑地的功能和价值，这种拓展与优化方法还可以缓解目前城市土地紧张的现状；政府部门可通过调控，使更多的企事业单位所属的体育设施对外开放；下达相关政策，使群众尽量能够免费或最低消费地获得体育健身的需求。

3. 与社区卫生服务部门协同建设社区健身康复中心

在社区建设健康康复中心，使得群众将体育健身、康复训练、娱乐休闲、卫生保健等活动融为一体，逐步完善适合群众体育健康的促进服务。体育设施的建设应当与社区卫生中心相结合，与老龄委等部门协同规划科学合理的健身康复中心，并统筹管理和组织健身中心的发展，通过多部门的合作与管理，充分发挥出健身康复中心的功能，彰显出"中心"的最优化价值。

目前，我国的医疗卫生体制逐渐完善和改良，其中有一项措施就是加强对社区卫生服务的建设和管理，从而形成分级医疗、双向转诊的医疗体系。群众常见慢性疾病的康复必定成为社区卫生服务中心的重点服务内容，因此，联合社区卫生服务中心共同建设健身康复中心已发展成为当今建设体育中心服务的发展趋向。其功能不仅对群众的身体健康具有促进作用，还对慢性疾病的康复治疗提供了便利的锻炼环境，具有明显的促进效果，同时，也可以充分发挥资源共享、互助互利的原则，与社区卫生服务相结合，在社区体育建设中心设置群众健康评估室、体检室、体育康复室等专业医疗部门，从而为群众进行科学的体育锻炼提供咨询与指导。

4. 充分开发体育设施的功能

若想更深一步发挥体育设施的功能，就需要在合理管理的基础上，进一步对群众常利用的健身路径、公园、社区、公共活动中心等场所的设施进行开发和改造,拓宽其建设范围,发挥其多元化功能,这是目前解决群众健身活动场地紧张的最佳方法。例如,经过实践调查发现,许多群众对社区等健身器械的单一性训练内容感到枯燥,这在很大程度上消磨了群众的锻炼积极性,为了增添体育锻炼内容,可建设诸如乒乓球台、益智类等设施。另外,针对晚上进行健身活动的群众,应增设适当的照明设施,从而为体育健康服务创造更优越的环境,这些措施在一定的锻炼空间中开拓了更大的利用空间。最后,还可以通过政府调控政策,鼓励更多的企、事业单位对外开放体育设施资源,为群众的体育健康服务提供便利。

为了进一步促进体育设施的开放程度,地方政府可以对所属公共体育设施服务的机构采取相应的"购买服务"措施,为群众提供补助与便利。政府部门可以根据体育设施服务机构所承担的开放类别、项目、数量和时间来准确衡量成本经费,并由政府部门予以补助,不仅促进了体育设施的开放,还提高了服务质量。总之,随着现代生活水平和经济的逐步提高,国家和相关政府部门应该高度重视为全民健身服务提供更大的扶持,保证体育健康促进设施的逐渐完善。

(二)全民健身服务体系的资金保障元素

充裕的资金是保障群众体育健康促进体系的基础,关系到健康服务体系是否能正常运转,资金的保障特性是由现代经济社会所决定的。为了推广全民健身服务的发展,并充分利用社会的一切有利资源,就需要有充足的资金做基础。

一般来说,群众体育资金的来源保障分为直接投资和间接投资两个渠道。直接投资是指直接经济投资,如财政拨款、社会集资,而间接投资是指没有资金的直流流动,是政府通过制定和实施各种优惠政策,目的是鼓励和促进社会各界对群众的关心与支持,发展群众体育。

群众体育资金的直接来源主要分为政府财政拨款和社会集资两部分。

1.直接投资

(1)政府体育投资

政府体育投资包括中央政府体育投资与地方政府体育投资,国家投资是群众体育发展资金最主要、最直接的来源。随着社会的发展,政府的体育投资在国家预算中的比重将越来越大,呈上升趋势。而且由于体育有扩大地区影响,促进社会生产,活跃人民文化生活,推动市政建设和文化教育事业发展的作用,因此,许多国家的地方政府乐于进行体育投资,在西方国家政府对大众体育的投入中,地方政府的投入远远超过中央政府。

从目前全国整体情况来看,我国用于开展群众体育方面的经费少,全国人均体育经费偏低,而且地方政府体育投资比例仍然处于较低水平,尤其是经济不发达地区体育经费匮乏问题尤其显著。另外由于全国各地区经济、社会、文化发展不平衡,地区间体育的投入差距很大,经济发达省市地区的投入大大超过经济欠发达或贫困地区,东部地区多于西部地区。经济上的投入直接影响到一个地区体育运动的发展水平。经济发展好、市场开放程度较高的地区,地方政府资金投入较多,群众体育组织"自我造血"能力也较强,群众体育开展较广泛。相比经济落后地区,有些地区甚至连温饱问题都没有解决,群众体育运动自然得不到重视。如此一来,地区间群众体育发展基础的差距会越来越明显,这将不利于我国体育运动发展。

因此,随着国民经济的发展,适时适量地增加体育经费,合理配置,是加快发展我国群众体育事业发展的必要条件之一。理由有三:

①我国体育的基础差、底子薄,仅就体育场地的建设而言,我国公共体育场地数量不足、设施陈旧落后的状况相当严重,体育和其他事业一样,要打好基础,逐渐发展,任务十分艰巨。

②我国现阶段经济发展水平有限,社会能够提供给体育事业的资金也很有限,不能满足体育事业发展的需要,故仍需以国家拨款为主。

③现阶段体育事业发展存在不平衡性,就其内部结构而言,竞技体育

的发展与学校体育、群众体育的发展相比,具有一定的超前性,加上竞技体育在市场经济中的广泛宣传效应,因而社会提供给体育事业的资金内部结构比例也是存在很大差距的,在竞技体育中的投入资金比例远大于对学校体育、群众体育,而且其中的绝大部分也是用于搞竞赛活动,远远未适应广大群众对体育的需求,需要依靠国家拨款加以调整。

(2)社会体育投资

在我国群众体育投资结构中,政府投资仍是群众体育投资的主体,社会投资所占比例较小,这在某种程度上反映出我国群众体育存在资金来源单一的问题。在当前国家财力有限的情况下,如果我们仍沿袭过去"等、靠、要"的传统思想来开展群众体育是行不通的,因此我们必须拓宽渠道,广开财路,把国家拨款和社会集资有机结合起来,实现群众体育资金社会化、多元化。社会集资的主要途径包括居民消费、企业赞助、社会各界捐赠和资助、发行体育彩票、大力发展群众健身服务业、建立体育基金等。

①居民消费

居民体育消费,指的是为满足居民个人生活和健身需要而耗费的体育物质产品、体育劳务产品和体育信息产品,它是大众生活的一个方面,是社会生产力发展到一定阶段的产物。经济的好坏,社会产品的丰富与否,人民物质生活水平的高低,直接影响着体育消费的发展,制约体育消费的形式。

在我国群众体育的经费来源渠道中,居民的体育消费所占比例相对较小。

造成这种情况的原因是多方面的,首先我国社会生产力发展水平较低、社会经济相对落后,这是影响我国体育消费程度的重要因素之一。其次,我国人民的消费观念、消费意识和消费结构还没有根本转变,广大的城乡居民消费观念十分保守,思想上顾虑较多。另外,我国群众健身活动社会化程度较低,表现为体育人口少、健身活动场地有限,在很大程度上限制了群众体育消费。因此,我们应当加强体育消费行为的舆论宣传力度,培育健康意识,正确引导体育消费行为,鼓励大众化的中、低层体育消费,倾注精力来扶持群众的体育消费市场。

②企业赞助

体育赞助是指为体育赛事、运动队、公共体育场地或公益性健身活动等提供一定数额的现金、实物、技术或相关劳务等的支持,赞助使体育与企业获得了双赢,赞助是合作双方各取所需、相得益彰之举。

③社会捐资

社会捐资是指个人、企业、社会团体对群众体育以资金或实物形式的捐赠与赠予。捐赠不同于赞助,捐赠是不附加任何回报条件的无偿赠送。捐赠款项的单位数额一般不多,零星分散,但是在举办各种群众健身活动时,尤其在举办较大规模活动时,社会捐资仍是一种必要而且重要的集资方式。目前我国设立了"全民健身专项资金""体育设施建设与维修专项资金"等专项基金,能够逐步增加资本积累,为扩大再生产创造良好的条件,保证体育事业发展的重点需要。

④体育彩票

发行体育彩票是国际流行做法,它是依靠群众筹集体育资金的有效途径,是走向体育市场投资多元化的一种形式。体育彩票的发行在很大程度上缓解了体育资金需求增长与国家投入不足的矛盾,正因如此,运用发行彩票的方式吸收社会投资,弥补国家财力不足,推动体育事业发展,成为越来越多的国家普遍采取的措施。

发行体育彩票不仅可以筹措部分体育经费,扶持地方体育建设,还能增强全民体育意识,解决一些人的就业问题。但同时也有不利之处,彩票会助长一部分人投机的侥幸心理,出现一些违规操作等问题。因此,规范彩票市场,加强彩票管理,对于推动体育彩票长期稳定的发展,保障群众体育持续稳定的资金来源是十分重要的。

2.间接投资

在体育经济政策的调整变化中,另一个明显的趋势,是世界许多国家对体育运动发展的经济支持从单一的财政拨款向"点金术"的角色过渡。

政府所谓的"点金术"就是指对那些致力于推动和促进我国体育事业发展的社会力量（包括企事业单位、社会团体、个人等）实施经济优惠政策，如资金优惠、税收优惠、土地优惠、人才引进优惠等。政府提供各种优惠政策，调动和提高了社会力量对体育投资的积极性，从而拓宽了集资渠道，推动体育经费的来源渠道多元化发展。具体措施一般包括：

（1）贷款援助

贷款是银行信贷资金运用的主要形式，也是群众体育产业发展初期获得外部资金的主要方式。政府一般以贷款担保、贷款贴息、政府直接的优惠贷款等主要方式帮助群众体育经营机构获得贷款，为其提供启动资金。

（2）财政补贴

财政补贴是财政分配的一种特定形式。它是国家为了特定的目的，在经常性财政支出之外，对经济组织和劳动者所实行的一种临时性、局部性的补助支出。一般采用价格补贴和就业补贴两种形式。

①价格补贴

为了扶持群众体育的发展，使之有个良好的起步，价格补贴不失为一个良好的手段。体育场地、运动设施的建设需要一定的投资，经营者往往为了尽快收回投资或贷款，把消费费用定得较高，使普通消费者难以长期承受，这必然阻碍群众体育健康发展。如果政府在初期能够给予价格上的补贴，使诸如门票价格降下来，这样才能吸引更多的人去消费，从而带动群众体育发展。

②就业补贴

这种补贴方式是通过为员工提供上岗培训、社会体育指导员资格培训等费用，对一些公益性的群众体育组织实施补贴。

（3）税收优惠

税收优惠是最直接的资金援助方式，通常主要采用降低税率或减免税收手段，在我国群众体育产业发展初期，国家采取降低和减免营业税、所得税的形式，能够鼓励更多的企业、个人参与群众体育产业经营开发，是一种有效的资金扶持手段。

（4）其他公共政策

为了保障体育的投入，加快体育发展，政府制定了其他一些公共政策。例如在城市社区建设中，对社区运动场所应达到的面积、群众健身运动场所的标准等进行规定，通过对经营决策做出某些限制，解决了社区居民运动场地建设、经营、管理和维护的问题；规定各级政府要把体育事业经费、体育基本建设资金列入本级财政预算和基本建设投资计划，此外有些省市规定各级财政对体育事业的资金投入，每年增长幅度应高于经常性财政支出的增长幅度。

（三）群众体育资金使用

由国家体育总局、财政部、中国人民银行三部门联合发文规定，体育总局安排体育彩票公益金的60％用于落实《全民健身计划纲要》，40％用于弥补落实"奥运争光计划"。由此就有了后来人称六四开的体育经费分配计划。从近年体育资金投放比例看，健身计划在各级体育部门的体育经费中所占的比重在大幅度增加，用于"全民健身计划"的资金远远大于"奥运争光计划"，群众体育运动受到重视。群众体育资金的使用一般分为两个部分：

1. 一般事业

包括负责群众体育运动的体育行政机关、各单项协会以及省市各单项协会人员工资、行政补助与事业费。

2. 特定事业

1995年，国务院颁布实施了《全民健身计划纲要》，是在深化体育改革的实践中提出来的重大举措，旨在加强全民健身工作，提高中华民族整体素质。近几年我国群众体育，除去行政费用外，其余大部分资金都用于实施全民健身计划，各级群体部门切实把推行全民健身计划作为工作重点，保证全民健身计划的顺利实施，《全民健身计划纲要》中的第一、二期工程已经基本实现。资金的使用主要分为场地、组织、活动三个环节。

第一，建身边的场地。体育场地是群众从事体育健身活动的基本条件,近几年在改善群众健身活动条件方面做了大量工作,最直接的一个途径是建设"全民健身工程"。按项目种类、特色、人口和地区规模等大体分为四类:第一类是建设"全民健身路径",包括以室外综合健身器材为主要内容的普通型"全民健身路径"和以运动项目为主体的专项型"全民健身路径"。第二类是建设"全民健身中心",根据地域范围或人口数量可分为四个层次,即建居民小区级的"全民健身中心"、街道级的"全民健身中心"、市辖区级的"全民健身中心"和城市级的"全民健身广场""体育主题公园"等。第三类是建设"雪炭工程"。重点扶持西部地区、三峡库区、老少边穷地区、资源枯竭地区和大工业基地建设体育设施,推动这些地区体育事业的发展。第四类是建设"全民健身活动基地"。主要用于群众体育设施、西部雪炭工程(14 个资源枯竭地区、经济不发达地区)的建设。

第二,抓身边的组织。体育组织是开展群众体育工作的保障,如何扩大和提高群众体育组织建设及其发展的规模和水平,是影响群众体育事业发展和构建群众健身服务体系的一个重要因素。群众工作中特别要加强遍布城乡、直接服务于群众的体育指导站点、晨晚练站点、社会体育指导员、群众体育组织(街道办事处)、群众体育俱乐部等的组织建设。

第三,搞身边的活动。开展群众性健身活动是深入实施《全民健身计划纲要》二期工程的具体措施。离开"活动",体育工作就失去了生命力。选取开展的项目一般要符合几个基本条件:覆盖面广(在全国或大部分省区市开展)、参与人数多;已形成传统,定期开展,效果明显;有一定的群众基础,影响力大,起到了一定的示范作用;资金不足,采取社会资助的形式较困难。在开展群众健身活动方面重点搞好"四类活动":第一类,搞好具有影响力、号召力、轰动效应的"品牌"活动,通过"品牌"活动,造声势、造影响,从而达到强化和增强群众的健身意识,动员和吸引群众参与健身活动的目的;第二类,搞好具有特色的活动,如湖南省以湘江一带为纽带,组织的龙舟、划船等特色运动项目,此类活动目前主要由社会体育指导中心负责组织,市场培育较好,能够自给自足;第三类,搞好广场和公园健身活动;第四类,搞好民族民间传统健身活动。

(四)群众体育资金的分配

由于公共资源的有限性,政府公共投资不可能照顾社会的各个方面,如何合理地分配和使用有限的群众体育资源,最大限度地提高资金使用效益就成为关键的问题。

一般讲,西方经济学中评价经济状态的标准有两个:一是公平,二是效率。在效率与公平之间做权衡选择时,我们更多的是以分配合理化为原则,在相对平等的前提下追求较大的效率,或者在某一个既定公平目标的前提下,使效率上的损失最小。

在群众体育资源的分配与使用上,应该考虑到区域体育发展格局,从实际出发,梯度推进。鼓励经济发达地区率先进行群众体育现代化探索,抓住体育运动特色项目的有利时机,积极支持各地区和民族地区发展体育,同时给予贫困地区和弱势人群更多的资金扶持。而对于那些经济基础好的地区与组织,更多地给予政策支持,通过一些经济政策鼓励"自我造血",自主推动群众体育运动发展。

第三节　全民健身服务体系的构建

在多元经济背景下,全民健身服务照搬发达地区的发展模式以求得跨越式的进步是不切合实际的。因为地域、资源、经济、文化等的诸多差异,迫使全民健身服务必须探索一条特有的发展路径,以改善居民的体育环境,提高生活质量,满足全民健身服务需要,促进政治、经济、文化的协调发展,从而实现共同繁荣。

一、政策基础

(一)健全体育立法

加快推进《体育法》《关于加快推进公共健身服务体系建设的指导意见》等全民健身服务相关的法律法规的制定、修改与改善。将全民健身服务体系运行好的省市、地区、农村的有益经验及做法形成文件,方便其他地区参考,做到有据可查,有法可依。2018 年,我国人均 GDP 突破 10000 美元。国际经验表明,这一时期既是"黄金机遇期"又是"矛盾凸显期",是走向繁荣富强文明还是走向落后贫困动荡的分水岭。制定的政策法规要充分考虑各种容易诱发社会矛盾的不和谐因素,以建设新城市为契机,扩大全民健身服务的覆盖范围,提高全民健身服务水平。

(二)制定鼓励政策

全民健身服务是一个政府领导、部门组织、行业合作、社会参与的多元服务体系。因此,应制定相应的鼓励政策,吸引社会、企业、个人参与到全民健身服务的整个流程中来,发挥他们的功效,以提高全民健身服务质量。

(三)推进工程建设

目前,"体育健身工程""全民健身路径工程"和"雪炭工程"等体育工程建设陆续出台,应发挥多项工程联动作用,继续做好全民健身计划下一期工程的实施工作,改善和提升体育基础条件和服务能力。

二、明确政府职责

政府是全民健身服务的主体,这个主体并不单为全民健身服务供给主体,还是全民健身服务过程的责任主体。即融资、供给等均可为政府、企业、社会组织、个人等提供多个主体,政府作为责任主体主要承担整体统筹、政策扶持、任务分工等工作。因此,全民健身服务规划,要合理界定政府、市场、社会在全民健身服务供给中的功能与定位,明确了解政府的角色与职责,优化全民健身服务市场化、社会化的制度环境,形成全民健身服务的职责体系。确定哪些工作应由政府承担,哪些工作可以通过市场来完成,哪些由市场完成的工作政府应该给予鼓励、补贴或政策倾斜。

三、引进多元的投入

(一)体育设施投入

由于我国人口众多、分布较广且地域复杂,体育设施建设耗资较大,因此,该项投入仍考虑以政府投入为主体。首先,政府要把全民健身服务设施建设纳入经济社会总体发展规划,纳入工作部署,纳入公共财政支出预算,政府要优化财政支出结构,加大财政对全民健身服务的投入力度,不断提高全民健身服务支出占财政支出以及 GDP 的比例;其次,改革和完善财政转移支付制度,政府财力更多地向农村、落后地区和困难群体倾斜,加大力度推进基本全民健身服务均等化;最后,以制度化形式,使公共财政和体育彩票收入按一定比例进入公共服务建设过程。

(二)体育器材的投入

体育器材的投入应重点考虑体育器材生产企业,制定扶持体育公共事业发展的税收政策,吸引体育器材生产企业加入体育公共事业中来。同时,创造优惠条件吸引社会各方力量投资兴办公共体育实体、建设公共体育设施、提供公共健身服务。

(三)健身活动的投入

健身活动主要是大型健身活动、赛事的举办,政府可以实行招标制,委托中标的中介组织来承担。资金的投入一方面可以考虑使用部分政府投入的全民健身服务专项经费,另一方面可以考虑吸引部分乡镇企业及成功人士的赞助。

(四)体育管理的投入

对于体育设施管理、健身活动组织管理、体育锻炼组织管理、体育健身指导、体质健康监测等管理工作,一方面可以运用政府投入的全民健身服务专项经费,另一方面应扩大城市全民健身服务的影响,吸引广大体育教师、医院医生自愿加入城市全民健身服务事业中来,无偿贡献他们的体育劳务。

四、建立供给标准

(一)建立以乡、镇为单位的最低全民健身服务标准

根据经济条件、社会发展的体育需求,制定经费保障、场地设施、健身活动、体育组织、健身服务、信息传播等基本全民健身服务的最低供给标

准,并依据该标准供给体育公共服务。

(二)适时调整全民健身服务标准

根据各乡、镇、村经济条件的不同及形势的发展变化,适时调整全民健身服务标准,形成全民健身服务标准和居民体育需求的良性互动。供给的全民健身服务,有的地方可以高于全民健身服务最低标准,有的地方甚至可以执行与城市社区相同的标准,一切均因具体情况而定。

五、强化监督管理

全民健身应设置专门的监督机构,为建立科学的健身服务提供绩效评估体系,确保全民健身服务体系的可持续运营。监督的全民健身服务管理部门后续的完善计划及其执行情况,周而复始,形成良性的考核、评估、反馈、监督机制。注重全民健身服务的产出和结果,提高全民健身服务的效率和质量,以促进全民健身服务水平的提高。并让居民参与到监督系统中来。通过问卷调查、会议调查、电话访谈、走访访问等途径关注居民对全民健身服务供给的满意程度。

第四节　全民健身服务的供给

作为组织安排者,政府应对全民健身服务融资和预算、数量和质量作出相关的安排,并选择最合适的主体和工具去提供全民健身服务。并且作为直接的提供者,政府应直接向社会成员提供所负责的全民健身服务。作为一个管理者,政府有义务制定全民健身服务规则和标准,并加以严格的管理。因此,强化政府全民健身服务职能,涉及全民健身服务的提供主体、工具和过程三个方面。

一、全民健身服务的提供主体

全民健身服务的供给主体是提供全民健身服务劳务或全民健身服务产品的组织或实体。全民健身服务供给主体提供的服务是能够满足大众的各种体育需求,相互联系、相互影响的要素组成的有机整体,这些要素构成了全民健身服务体系建设的基本结构,它们相互联系、相互作用、相互依赖、共同影响着体育事业的发展。政府、企业或第三部门都可以成为全民健身服务的供给者。政府部门包括直接向社会公众提供服务的各种政府职能机构。根据国外全民健身服务经验和国内政府职能转移给社会组织已取得的实质进展和效果看,城市体育社会组织具有为广大市民提供公共健身服务的能力,是承接体育行政部门服务职能转移的载体及参与全民健身服务建设的重要力量。因此,城市社会体育组织是实现全民健身服务社会化,承接政府全民健身服务职能转移的理想对象,培养扶持其成为全民健身服务供给主体,是解决目前政府在全民健身服务中供给总量不足、主体单一的有效方法和必由之路。

二、全民健身服务的供给设施

全民健身服务进行规范和监管伴随着居民体育消费需求结构的层次化以及全民健身服务需求的多样化,我国传统的全民健身服务由政府通过财政税收和公共支出向社会直接提供体育公共产品和服务的单一供给方式已无法满足城市居民的全民健身服务需要,客观上要求全民健身服务供给主体、供给方式呈现多样化和动态化。因此应不断拓宽全民健身服务供给设施的途径:政府直接提供、政府生产、政府补贴或购买、私人提供等。

三、全民健身服务的供给环境

环境是影响生物机体生命、发展与生存的所有外部条件的总体。全民健身服务的供给环境即影响全民健身服务供给的所有外部条件的总和。全民健身服务供给环境是全民健身服务系统的重要影响因素,是全民健身服务良性运行的重要保障。全民健身服务的供给环境包括政治、经济、文化、法律、公民的需求变化、人口数量及质量、科学技术发展水平。不同的环境要素均会对全民健身服务供给产生一定的影响。

四、全民健身服务的供给客体

全民健身服务的供给客体即全民健身服务的对象为全体社会公民，是中国法律规定享有权利和承担义务的人。公民一方面应当具有公共精神和公共意识；另一方面应当既积极参与政治生活并承担相应的政治责任，在政治生活中既有主动的参与也有被动的服从。既然全民健身服务的供给客体为全体公民，那么全民健身服务供给过程要力求保证每位公民享有全民健身服务权利的均等性，没有性别、职业、年龄、区域等的差异，即无论是男是女、是老是少、是白领是蓝领、是城镇居民是农民、是健康者或是残疾人，他们都享有同样的享受全民健身服务的权利。但是由于我国还处于政治体制、经济体制改革阶段，全民健身服务均等化供给还没有建立起来，全民健身服务区域不均衡、阶层不均衡、城乡不均衡的现象是大量存在的。现阶段的任务应该落实于使全民健身服务的供给客体因自身不同的全民健身服务需求而得到相同程度的满足。

五、全民健身服务的供给评估及反馈

全民健身服务的供给评估及反馈是对全民健身服务的供给过程进行客观评价、客观反映、客观回馈，以不断完善全民健身服务供给的环节。了解全民健身服务供给是否满足公众的需要，为今后完善相关政策，推进全民健身服务良性供给具有积极的作用。全民健身服务的供给评估要对供给质量、供给效率、供给种类、供给的针对性、供给的便利性、供给的及时性做出客观评价，并将评估结果如实反映给相关部门，努力做到全民健身服务提供规范化、控制规范化、结果规范化。制度化、规范化的供给管理流程，能够最大限度地保证公民全民健身服务需求的满足，最大限度地保证公民基本权利的实施。

第五章　全民健身服务运行的机制原理

全民健身服务运行是由理论系统和实践系统、支撑点、其动力关系及保障系统构成,其内部的理论构成了全民健身服务运行机制的原理。全民健身服务系统体制与机制的工作原理是由政府、历史背景、社会人文与文化的内容不同而发生变化的,如图 6-1 所示。

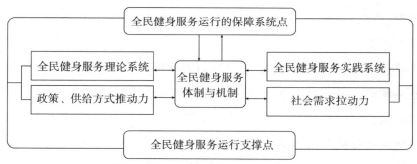

图 6-1　全民健身服务运行机制

第一节　全民健身服务的理论系统结构及功能

全民健身服务可以通过公共部门直接提供,也可以通过政府提供,或是政府提供资金上的支持而由私人部门来提供。因此,全民健身服务的理论系统应从全民健身服务定位,全民健身服务模式、结构与政策,全民健身服务机制与体制问题,全民健身服务管理四个方面考虑分析全民健身服务理论问题。

一、全民健身服务定位

定位即确定位置和范围。服务定位要具有超前性,并以敏锐的洞察力从复杂多变的形势中科学预测未来的发展趋势,准确把握发展规律,从长远的利益来考虑,把工作做在前头。服务定位要务实,以群众的需求为基础,深入群众中去,体察民情,关注群众生活上的冷暖,倾听群众的呼声,如果定位不准确,就很难找准自己的位置,即便工作过程中付出再多的努力,也不会收到好的效果。可能会出现以下的局面:一是"包揽式"服务。一讲服务就大包大揽,忽视企业在市场经济中的地位,政企不分,不该政府管的事也管了,不该政府干的事也干了,貌似无微不至,实则多余。二是"喂奶式"服务。只有在群众有需要的时候才提供服务,不知道主动去了解群众的生活,以自我为重心,甚至就连解决一时的事都是应付的。三是"保姆式"服务。把自己当作保姆,将服务工作简单化、一般化,局限于跑跑、看看、问问,满足于低层次服务,而不去深入了解、改善。只做一些表面的工作。

目前,从我国全民健身服务发展的实际情况来看,定位问题重点在于清楚地确定全民健身服务的目标,对全民健身服务资源进行有效的计算,并且确定全民健身服务的内容,确定全民健身服务的底线,强化政府对于底线全民健身服务内容的供给主体职能,着眼部分全民健身服务的市场化途径。体育公共产品内在的非竞争性和非排他性的特点,决定了政府必须在全民健身服务供给中居于主导地位,这也是我国经济社会发展的必然。在国家规定的底线全民健身服务之上,发达地区可根据财政状况,适当地提高全民健身服务供给的情况。而经济落后地区,地方财政能力十分薄弱,则可按人民的需求而通过中央转移支付方式用来协助地方,并且担负起底线全民健身服务的责任。

二、全民健身服务模式、结构与政策

全民健身服务模式与社会经济、历史传统有着一定的联系。首先要分析在当前的历史发展背景下,政府部门对全民健身服务的重视程度以及政府部门所行使的职责。另外,要明确全民健身服务的范围和重点,因此,不是所有的政府部门都可以提供全民健身服务,有些体育服务类型在政府部门的干预范围之外。全民健身服务结构是由全民健身服务资源的主要投向决定的。因此全民健身服务的设施与全民健身服务法律体系主要是由政府提供,并且明确了中央和地方各级政府在全民健身服务提供上的职责,另一方面通过法律为全民健身服务发展提供财政预算和保障。全民健身服务的政策决定着发展目标的判断与发展方向的选择。全民健身服务政策形成过程,实际上是主体对利益关系进行调整的过程。

三、全民健身服务机制与体制问题

全民健身服务机制与体制问题是由政府部门等参与主体的不同而有所变化的,首先,全民健身服务机制的政策制定要坚持因地制宜、统筹安排、优化调配等原则,结合地域地区间的差异、经济发展情况以及群众的生活水平,同时还要注重经济条件是否允许、乡镇化建设与城市化建设的不同特征等综合因素。由此可知,我国的全民健身服务发展政策应以提高和改善群众生活质量为根本目标,注重群众的身心素质与社会文明建设的可持续发展关系,尤其注重全民健身服务在不发达地区的开展程度。

四、全民健身服务管理

管理是为确保某项工作能够顺利地进行,而进行的保管和料理,是照看并约束着,是制订、执行、检查和改进。制订就是制订计划。管理是相关人员在一定的环境条件下,对组织所拥有的资源进行计划、组织、领导、控制和协调,来有效地实现组织目标的过程。随着我国经济体制从计划经济向市场经济的转变,社会原有体制不可避免地出现了难以适应新的社会发展需要的现象。在当前和今后的一段时间内,我国全民健身服务管理面临的主要问题是群众对体育活动的需求与体育产品及劳务不足之间的矛盾。把握市场在全民健身服务领域的适度作用,并且恰当地认识政府在全民健身服务管理中的定位,实现全民健身服务资源合理分配是缓解矛盾、解决问题的途径与方法。鼓励我国公民全民健身服务的需求表达,强化制度化建设,保障公民享有平等的参与权利;加强全民健身服务政策制定过程中的公民参与度,营造良好的民主环境方便公民表达全民健身服务需求;增强政府体育行政服务能力,增强对公众需求的反馈意识与能力,把公民的满意度作为衡量全民健身服务供给效果的根本标准。

第二节　全民健身服务的实践系统结构及功能

全民健身服务是一个具有实践性意义的社会服务系统,主要由五方面的系统构成完整的统一体,其中包括全民健身服务管理系统、全民健身服务规划系统、全民健身服务融资系统、全民健身服务提供系统和全民健身服务绩效评估系统五个系统。

一、全民健身服务管理系统

21世纪公共行政和政府职能转变的核心理念是公共服务。而经济的迅速发展,也带来了不断提高的生活质量与公民需求的多元化,在科学发展观与和谐社会的发展理念下,公共服务管理面临着许多的问题和挑战。某些政府公务人员的服务意识变得淡薄,绩效评价体系的不够合理,公共财政资金的不足与公共服务供给模式的单一化等,都严重制约和影响着公共服务管理。全民健身服务管理系统分为总体统筹规划层、特定领域和部门管理层、具体服务单位层以及需求回应性处理层四个层面。各层面的职能主要是根据国情和某一个行政区域内的人口资源和财政能力来确定全民健身服务的总体目标、水平、策略、原则等。

二、全民健身服务规划系统

规划是一个比较长远且全面的计划,它主要是对未来整体性、长期性、基本性问题的思考、考量及行动方案的设计。因此,加强规划是贯彻落实科学发展观的需要,是提高政府工作水平的需要,是加快政府职能转变的需要。全民健身服务规划系统的主要作用是指导整个全民健身服务实践,使其有根据。

全民健身服务的规划系统是指在实施全民健身服务的过程中具有清

晰的发展思路。其中主要体现在五个环节上:一是环境规划;二是服务标准的确定;三是工作开展的方式与途径;四是全民健身服务计划的执行和落实;五是根据监督和反馈,使得全民健身服务工作得到进一步的提高和改善。不断完善的全民健身服务规划系统表现在明确的目标、正确的方法、执行和落实行动的效率和细节,反馈的及时性与评估的科学性、标准性等方面,这样可以有力地保障全民健身服务规划系统顺利开展。

三、全民健身服务融资系统

融资通常是指在货币资金的持有者和需求者之间,直接或间接地进行资金融通的活动。政府出资、服务收费及非政府公共部门参与是全民健身服务融资的主要方式,吸引更多的部门以慈善、福利方式参与全民健身服务是新时期全民健身服务融资系统的需要。这是因为,第一,全民健身服务代表着广大群众的公共需要,应该予以优先保障,但实际上,政府用于满足公众公共需要的资源是有限的。政府在分拨资金用以满足各种公共需要时,要进行慎重的权衡利弊与选择。因此,要加强全民健身服务,并且使全民健身服务作为公共产品与服务来代表广大群众的切身利益成为必要出资项目。同时,要加强政府出资的透明度,使政府投资行为得到有效约束。第二,服务收费是指政府向居民提伊全民健身服务设施、实施全民健身服务管理或直接提供全民健身服务劳务而直接向使用者或受益者收取的费用。服务收费要建立相应的准则及监督机制,要保证全民健身服务不以追求利润为目的的宗旨。第三,民间捐赠是捐赠人自愿向受赠人无偿赠送财产及产品的行为。虽然,这种融资方式还不是我国全民健身服务融资的主要方式,但要自始至终地坚持民间捐赠的自愿性。国家应制定减免税收等适当利益补偿方式鼓励捐赠行为,进而减轻政府出资压力,不断提高全民健身服务的质量。

四、全民健身服务提供系统

公共服务供给能力是政府根据自身的经济条件和财政资源的约束,

在一定的公共支出偏好下所应该提供的合理公共服务数量。当前,我国正处在公民公共需求增长快、变化大、诉求强烈,而政府公共服务供给能力有限的特殊阶段。影响政府公共服务供给能力的原因有三个:第一,我国公共服务的投入低于世界平均水平,公共服务覆盖面太窄。第二,已有的公共服务,在实施中被异化。第三,政府公共政策的制定,个别方面有失公平。这三个因素集中在一起,凸显社会公共服务需求强烈与政府公共服务供给能力有限的矛盾。

全民健身服务供给系统主要包括以下几个问题:第一,全民健身服务供给主体是谁? 第二,全民健身服务供给的内容为何? 第三,全民健身服务供给的方式怎样? 全民健身服务的研究是当下体育学科研究的重点及热点,很多问题广受争议。根据我国全民健身服务现状及发展的趋势,全民健身服务必将出现多元化、分层化、市场化的供给方式,以满足不同区域、不同阶层公民的全民健身服务需求。这就要求政府首先做到认识到位,分析到位。认识自身所能与自身所不能,分析政府、市场各自的优势,合理进行资源配置,强化监督机制,使城镇、农村各级各地的公民都能享有所需的全民健身服务。

五、全民健身服务绩效评估系统

政府部门的绩效评估是指运用一定的评价方法、量化指标及评价标准,对政府部门为实现其职能所确定的绩效目标的实现以及为实现这一目标所安排预算的执行结果进行的综合性评价。全民健身服务绩效评估系统是对政府部门提高管理、服务能力的参考,是合理配置体育资源,实现和谐发展的重要支撑。

由于全民健身服务的内涵、外延还有待商榷,因此,关于全民健身服务绩效评估的研究目前尚处于初级阶段。因为缺乏相应的政策、法规的保障,已有的全民健身服务绩效评估难免存在随意性较大、主观性较强的现象。规范化、标准化、统一化的全民健身服务绩效评估系统是全民健身服务良性发展、有效运行的迫切需要。全民健身服务是一项庞大的公共服务体系,亦是体育事业发展的重要组成部分,其涵盖的内容包罗万象,大到竞技体育的发展,小到某一乡镇的全民健身服务供给,都是该体系应该考虑的问题。

全民健身服务绩效评估作为对整个全民健身服务效果进行评价的系统自然也有其针对性的评价标准。全民健身服务绩效评估系统的建立首先要明确评价的对象是什么,是国家、省、市或某个区域的整体全民健身服务情况,还是个别全民健身服务供给部门的决策制定及执行情况?然后要确定评价的内容是什么,政府资金的投入、体育设施的建设、公众的参与情况、公众的满意度等都是其评价的内容。另外,要确定评价的主体是谁,是政府的监督部门、普通的公民还是专业的评价机构,无论是哪些人抑或哪些部门,保证评价的客观性、公正性是选择的前提。最后,还要确定评估方法、评估原则等,为评估结果的真实性、准确性、有效性提供保障。总之,不同的对象、不同的环境应有不同的绩效评估系统,要在全民健身服务绩效评估实践中灵活运用。

第三节　全民健身服务运行的动力系统

动力是一切力量的来源,是推动工作、事业等前进和发展的力量。全民健身服务运行动力是引发并推动全民健身服务行为发生、发展的各项相对独立的要素所构成的相互联系、相互制约的合力系统。全民健身服务运行的动力系统包括基础动力层、核心动力层和环境动力层。

一、基础动力层:政府职能的转变

政府职能是政府在一定历史时期根据阶级斗争和社会发展需要而担负的职责和功能。即政府活动的基本方向、根本任务和主要作用不仅要有量的规定,而且有质的规定,即完成某一职能所需的人财物和时间的消费成本以及是否对经济社会发展产生积极的效应。政府职能转变是上层建筑适应经济基础和生产力发展的客观要求。改革开放以来,为保障和促进社会主义现代化建设事业的顺利发展,我国政府机构经历了六次政府机构改革,从简单的精简机构、减少人员数量逐步发展到转变职能和改革管理体制。随着经济体制改革的深入,政府的管理方式由微观干预转向经济调节,由全能政府转向有限政府,由人治政府转向法治政府,由封闭政府转向透明政府,由行政控制转向政策引导,由强调管理转向强调服务。但是目前仍然存在一些政府直接干预微观活动,出面管理一些不该管、管不了、管不好的事,而该由政府管的事,却没有管等现象。政府职能的转变使社会发展更加符合客观规律,使社会民主法制更加完善,使政府个别腐败行为得到有效控制,使整个社会向着更加健康、和谐的方向发展。

服务型政府已成为各级政府的基本理念,民生问题已然成为中国下一个阶段发展的核心问题。关注民生、重视民生、保障民生、改善民生是政府的基本职责。各级政府群策群力,全心全意努力解决人民群众最关心的全民健身服务的各项问题。政府职能由管理型向服务型的过渡,使全民健身服务作为基本公共服务项目之一已受到各级政府的重视。全民健身服务应以公益、均等、便民为宗旨,以抓底线、广覆盖、可持续为原则,齐头并进发展竞技体育、学校体育、群众体育,为满足不同区域、不同阶层的公民需要办好事、服好务。同时,发挥非政府组织作为政府职能转变承接与合作者的作用,在解决"政府失灵"和"市场失灵"造成的社会问题中,角色定位准确,避免政府从相关领域退出后产生的职能缺位现象。近些年来,我国的非政府组织得到了前所未有的飞速发展。据民政部最新统计,截至2012年6月底,全国非政府组织为35.7万个,其中社会团体19.4万个,民办非企业单位16.2万个,基金会1193个。此外,学者们估计还存在大量没有按照政府要求进行民间组织登记注册的非政府组织,其中包括在工商注册的非营利组织、城市社区基层组织、农村社区的公益和互助组织、农民经济合作组织、城乡宗教社团、海外在华的资助和项目组织、海外在华的商会和行业协会等。清华大学NGO研究所的估计是200万~270万。这些非政府组织遍布我国社会生活的各个领域,成为社会生活中的一支重要力量。

二、核心动力层：公民全民健身服务的需求

需要是在个体缺乏某种东西时产生的一种客观状态，它是客观需求的反映。人有物质的需要，亦有精神的需要；有生理的需要，亦有心理的需要。当人的需要具有某种特定的目标时，就会转化为动机。心理学家从需要、动机、行为三者的联系出发，把需要求得满足作为激励的研究内容，提出了各种"需要理论"。针对老年体育价值观的问题提出，马斯洛的"需要层次理论"对此就有较好的解释。理论认为，人类的需要多种多样，但可以归纳为五大类，并且可以从低向高划分为不同的需要层次。

随着年龄的增加，老年人各种生理功能都有所减退，表现出一定的老化现象，如脑细胞会逐渐发生萎缩并减少，导致精神活动减弱，反应迟钝，记忆力减退，尤其在近期记忆方面。视力及听力也逐渐减退。皮肤会出现老年斑、毛发变白并减少。由于骨骼和肌肉系统功能减退，运动能力也随之降低。针对老年人各种生理、心理功能减退的特点而言，体育带给老年人基础健身、娱乐休闲、延缓衰老等锻炼价值，这些功能已被老年人广泛认可。人们对安全的需要，不仅限于对自己身体的保护，还表现为对自己的财产、收入、名誉等方面的保护。希望有一个安定的社会环境和安全稳定的家庭。只有经常参加体育锻炼才能保障自身的生命安全，才能保证幸福的个体生活，才能为家庭、子女、后代，甚至国家带来更多的利益；另外，这也是社会适应的需要。老年人在退休后，会重新面临适应社会的需求和压力，需要及时调整自己的心态，增加自己的社交能力，处理好各类人际关系，主动地适应环境。体育活动的开展为老年人之间的沟通与交流搭建了广阔的平台，健身的同时提高了社会适应能力，何乐而不为呢？不少老年人家务事太多，忽视了娱乐和休闲，这样会影响自身健康，有的甚至未老先衰，容易患各种不同类型的疾病。所以老年人多参与各种娱乐和体育活动，对放松神经、消除紧张、保持身心健康都是有帮助的。在老年人基本需要得到满足之后，就会对体育锻炼的要求强烈，这也就是

老年人在不同年龄段的体育锻炼群体中占据较大比例的原因。在老年人的自我实现价值方面体育运动表现出较强的功能,经常参加体育锻炼的老年人,身体素质得到很大程度的提高,并且重新找到自信、活力,发现了人生的价值,甚至在愉悦的生活中实现了自我发展的巅峰。随着我国科学技术的发展、社会的不断进步,人们低层次的需要已基本得到满足,生活富足的情况下对精神生活的追求和向往不断增强,高层次的需求正在逐步扩大。而体育的自我实现功能恰恰能够满足人们该时期的高层次需求。因此,人们对全民健身服务的需求成为全民健身服务运行动力系统的核心动力。但是,在全民健身服务需求与全民健身服务供给之间存在很大的差距和矛盾,呈现出供不应求的局面。一方面,全民健身服务需求主体迅速扩大,农村和城镇中低收入者显然已成为全民健身服务需求的主体对象之一;全民健身服务需求内容迅速增多,不同阶层、不同年龄、不同区域呈多样化分布。一方面,政府职能转变速度较慢,各级政府对自身的公共服务职能的内涵和价值认识还不够成熟和深入,普遍存在服务意识淡薄的不良现象。另外,全民健身服务供给的机制还不够完善,这使得政府的全民健身服务功能相对薄弱。因此,公民的全民健身服务需求没有得到满足,全民健身服务体系的进一步完善迫在眉睫。

三、环境动力层:国家各项事业的发展

(一)政策支持

我国《宪法》第 21 条规定:"国家发展体育事业,开展群众性体育活动,增强人民体质。"《中华人民共和国体育法》第十条规定:"国家提倡公民参加社会体育活动,增进身心健康。"可以看出,社会体育活动的开展要充分体现"以人为本"这个核心思想,最大限度地满足人们身心健康发展的需要。21 世纪的中国正在快速地步入全面建成小康社会阶段,伴随着社会和经济的迅速发展,人们对健康的认识和观念也随之发生着巨大的变化,人们比以往任何时候都更加关注健康、积极地投资健康、追求健康,同时也尽情地享受健康给自身带来的无限欢乐和幸福。社会环境对于体

育发展所起的作用是重大的,国家政策对体育的发展具有导向作用。
1995年国务院正式颁布了《全民健身计划纲要》与《中华人民共和国体育
法》,国民的体质健康、体育服务供给问题被列入了政府的工作范畴。
2000年12月15日,国家体育总局颁布了《2001—2010年体育改革与发
展纲要》,首次提出了"构建起面向大众的多元的体育服务系统"。在
2012年的十八大报告中也首次提出了"公共服务均等化"总体实现的目
标,这同样也标志着公共服务成为我国社会建设的重要内容之一。同时
在十八大报告中也肯定了过去五年在基本公共服务方面取得的成果,公
共服务均等化将作为小康社会发展的重要目标之一,另外,公共体育服务
也是促进我国社会主义市场经济发展的重要方式和手段,要坚持不懈地
推动我国"城乡发展一体化"目标,加快完善"城乡发展一体化体制与机
制",加大基础设施维护力度、提高公共服务质量等内容,以推进一体化发
展。伴随着一系列文件的出台,国家各项事业的发展成为全民健身服务
发展的政策背景,为全民健身服务的发展带来了契机,是全民健身服务有
效运行的环境动力之一。

(二)经济发展

改革开放以来,中国的经济建设取得了骄人的成绩,建立起了社会主
义市场经济体制,人民生活水平大幅提高,公众对身心健康的关注迅速增
长。经济发展是全民健身服务运行的动力,这是因为:第一,经济发展因
素是规划、实施公共服务的基本出发点。第二,经济环境因素是公共服务
过程运行的必要条件。第三,经济环境因素会影响公共服务的目标和方
向。因此,经济的发展状况是公共服务运行的动力之一。而全民健身服
务亦不例外,体育场地设施建设、体育咨询信息提供、体育健身指导服务
等均要根据经济发展状况进行具体的规划与实施。经济的快速发展是全
民健身服务运行的环境动力之一。

(三)文化繁荣

第一,文化影响公共服务设施系统的稳定性。公共服务实施系统的
存在与发展需要与之相适应的文化作为价值取向和心理基础。第二,文

化影响公共服务实施模式的选择。公共服务实施模式指的是服务供给主体根据公共服务规划所采取的实施程序和实施方式、方法、措施等的总和。第三,文化影响公共服务实施的效果。

改革开放以来,在中国共产党的领导下,我国的文化建设受到了进一步的重视,得到了进一步的加强。各届领导人更是以高度负责的精神来关注中国文化的发展与建设。伴随着整个文化大环境的变化,人们的思想、观念、意识也在发生着变化。人们对美的追求、对时尚的理解、对身心的和谐、对尊重的需要、对自我实现的渴望等构成了其参与全民健身服务的动机,因此,文化的繁荣发展亦是全民健身服务运行的动力之一。

第四节　全民健身服务运行的战略支点

一、全民健身服务供给不足的根本原因在于体制不健全

全民健身服务供给不足的原因在于体制问题,而并不单单是供给主体的空缺。具体表现为:一是没有形成全民健身服务领域规范的分工和问责制,在事实上造成了全民健身服务指标的软化;二是没有形成可持续的财政支持制度,我国财政在一定程度上仍然是经济建设型财政;三是体育发展战略指向竞技体育的国际舞台,大众体育较少光顾。

2012 年,党的十八大报告中提出了将公共服务均等化作为改善群众生活质量、创新社会管理的重要改革方面,从而维护我国民生和体育健康的需求。报告中指出要在以政府为中心的指导下,形成覆盖城乡、农村等基层社会群体,加强基层社会管理和服务体系的建设,丰富和完善公共服务形式和内容,鼓励企事业单位、社会团体等组织积极执行自身的社会职责,引导社会组织建设健康有序发展,最大化地发挥群众和社会管理的功能。然而,转变政府职能是一个复杂的、长期的系统过程。目前政府社会管理、公共服务的职能仍然比较薄弱,事业单位、社会中介组织、非营利性社团在有效提供公共服务、参与社会公共服务事业管理中,发挥的作用还

很有限。因此,加快政府职能转变,从体制、机制上推进政企分开、政资分开、政事分开、政府与市场中介组织分开,从制度上更好地发挥市场在资源配置中的基础性作用,更好地发挥公民和社会组织在社会公共事务管理中的作用,更加有效地提供公共产品。

二、解决全民健身服务供求矛盾既需要财力支持,更需要体制创新

缓解全民健身服务供求矛盾不仅需要财政投入,更需要解决体制方面的问题。全民健身服务水平取决于两个变量,一是经济能力,二是制度安排。全民健身服务供给的资金来源主要包括政府投入、服务收费、社会各界捐赠三种途径。但由于我国全民健身服务起步较晚,各方面尚待完善,尤其是非营利性体育社团及志愿者服务数量有限,全民健身服务融资主要依靠政府投入。这种单一的融资模式存在很多弊端:第一,政府投入的数额难以满足公民日益增长的全民健身服务需求。第二,政府投入全民健身服务各项内容的比例难以协调,造成少数人从事的竞技体育占有大量的资金,而多数人参与的群众体育经费寥寥无几。第三,政府投入的效率、效果难以控制,各地区差异较大。

我国公共场地设施及专业人员资源闲置现象十分突出,作用发挥不够,缺乏有效的组织平台。2005 年,第五次全国体育场地普查结果显示:我国现有体育场地 85 万多个,总体开放率为 41.2%,而占场地总量 65% 的教育系统,场地对外开放率仅为 29.2%,调查发现,即使开放的体育场地其利用率亦不高。因此,全民健身服务必须拓宽融资渠道,合理分配全民健身服务各项内容的投资份额,增强资金使用的有效性,保证全民健身服务高质量运行。

三、全民健身服务建设中自身运营机制的完善

理论指导实践,实践检验理论。全民健身服务理论指导全民健身服务实践运行,全民健身服务实践检验全民健身服务理论体系的可行性,为

完善全民健身服务理论体系提供依据。首先,完善全民健身服务理论体系是落实科学发展观,满足人民生活水平提高的需要。随着我国发展阶段跨越,人民生活总体达到小康,身体要健康,对全民健身服务产生了更多的需求,并且呈现出多样化、差异化特征,要求也越来越高。如何从我国的基本国情和现阶段发展实际出发,统筹考虑满足基本全民健身服务的需要和兼顾多样化需求,需要对现行组织管理方式进行必要调整和改革。依据全面建成小康社会的目标,确立全民健身服务内涵,建立全民健身服务的发展目标,构建全民健身服务运行机制,使之成为完整的理论体系,是科学发展观在全民健身服务领域的具体实践。其次,完善全民健身服务理论体系能够提高全民健身服务实践的有效性。全民健身服务正处在发展的初级阶段,在具体的实践中,会遇到很多问题。如果在理论体系中,将这些问题加以谨慎思考,找到适宜对策,无疑会减少操作过程中的困难,增加全民健身服务的流畅性、有效性。另外,完善全民健身服务理论体系是体育事业向着高级目标发展的必要条件。只有理论体系扎实、创新,实践体系流畅、有效才能实现科学发展、可持续发展,实现为人民服务的目标,达到改善民生的目的。虽然,全民健身服务的目标是满足人民群众日益增长的全民健身服务需求,公民对全民健身服务的需求是全民健身服务提供的导向。但是,鉴于全民健身服务处于发展中的初级阶段,全民健身服务资金缺乏,全民健身服务供给单位能力参差不齐,各项服务水平还很有限的现状,应该对公民的全民健身服务需求进行正确引导、适当分流,避免出现部分地区、部分阶层公民享有全民健身服务资源过剩,而部分地区、部分阶层公民享有全民健身服务资源不足的情况。均衡的公民全民健身服务需求才能给全民健身服务均等化创造条件,实现全民健身服务协调运行、快速发展。

四、全民健身服务体制建设基本思路

第一,建立全民健身服务体制必须考虑优先次序,实现重点突破;第二,建立全民健身服务体制必须注重法制保障;第三,推进全民健身服务体制建设,必须建立高层次的改革协调机制。战略支点是事关全局的中心或关键点。近年来,党和国家高度重视我国全民健身服务体系建设,要求以科学发展观为指导,积极发展体育事业,加大政府对体育事业的投入,逐步形成覆盖全社会的比较完备的全民健身服务体系。目前,全民健身服务体系建设如火如荼,全民健身服务实践初有成效,清醒认识全民健身服务运行的战略支点,对于完善全民健身服务体系,提高全民健身服务质量意义重大。高效的政府公共服务职能转变、合理的全民健身服务财政投入、完善的全民健身服务理论体系、均衡的公民全民健身服务需求、及时的全民健身服务评估反馈是全民健身服务运行的战略支点。及时的全民健身服务评估反馈是全民健身服务良性运行的重要组成部分,评估反馈是对全民健身服务的质量、效果加以评价,并将评价结果如实反映给全民健身服务供给主体的过程。及时的全民健身服务评估反馈,使全民健身服务供给主体能够迅速了解该阶段全民健身服务供给的有效比例,使全民健身服务理论体系研究者能够掌握该阶段全民健身服务运行过程中的缺陷,而尽快作出相应的调整,实施于下一阶段的全民健身服务实践。及时的全民健身服务评估反馈能够肃清全民健身服务中不良的工作作风,使服务人员严于律己,时刻牢记为人民服务的宗旨,为满足公民的全民健身服务需求而不懈努力。

第六章　新时代我国全民健身机制改革创新

第一节　新时代我国学校体育改革创新路径

一、树立"健康第一"的教育指导思想

"健康第一"是学校教育的指导思想。学生的健康问题很大程度上在于学校教育对学生过高的期望和过严的要求,为了获得高分和升学的可能,学生也不惜以牺牲自己的健康为代价,这也就导致了目前在校学生普遍存在的身体活动能力、心理承受能力和社会适应能力较差的状况。因此,学校教育必须与素质教育相结合,从深化学校教育改革的全局出发,以切实减轻学生负担为突破口,从根本上扭转重智轻体的教学现状,使学生获得自主发展的时间和空间。通过生动活泼的课堂教学和丰富多彩的课余生活,学生身体、心理和社会适应能力得到和谐健康的发展。同时,学校教育也应积极发挥在家庭教育和社会教育中的主导作用,帮助学生家长和社会用人单位树立正确的成才观和人才观,形成对学生合理的认识和期望,从而为学生的健康发展营造良好的外部环境。学校教育的整体改革为学校体育的发展提供了必要的条件,学校体育也须在"健康第一"思想的指导下进行认真的反思。要促进学生的健康,首先,必须重新认识和调整体育和人发展之间的手段和目的关系,尽快走出与健康发展不协调的四大教学误区:体育教学内容的竞技化、体育教学过程的技术化、体育教学组织的一体化和体育教学目标的达标化。其次,学校体育要树立健康新观念,正确认识身体健康、心理健康和社会适应能力三者之间

的关系。健康不仅仅是没有疾病,更是身体上、心理上和社会适应上的完好状态。因此,体育教育教学活动在突出以生理机能为特征的身体健康过程中,应尽可能地把以精神情感为特征的心理健康和社会适应能力融为一体。最后,将短期效益和长远利益相结合。人的健康发展是一个长期的过程,学校体育必须为人健康的可持续发展奠定良好的基础,从而实现学校体育的可持续发展。体育教师必须树立终身体育的意识,在增强学生体质的同时,将健身知识的传授、兴趣的激发和习惯的养成融为一体,以期培养学生终身从事体育锻炼的能力。

二、更新学校体育课程内容

最新的中小学《体育与健康》课程标准和教材,都以"健康第一"为指导思想,用全新的教育理念,构建起了体育教学的基本框架。这些教育理念主要体现在:三维的健康观念,重视激发和保持学生的运动兴趣,关注学生主体地位,承认学生的个体差异和不同需求,注意学生的能力培养等。这无异于是对以运动技术为主线的传统体育学科体系的一次重大突破。由于考虑到地区、教师和学生的差异,课程标准没有对具体教学内容做出严格的规定,这就要求教师充分发挥主导作用。在选择教学内容时,教师应注意以下问题。

(一)重新认识和确定"三基"教学

"三基"教学(即体育基础知识、基础技术和基础技能)对提高体育教学质量曾经起到积极的作用。尽管目前有的学者因反对以运动技术为中心的教学,进而否定"三基"的教学,但是大多数学者对"三基"教学持肯定的态度。否认了"三基"教学,终身体育就成了一句空话。只是对于"三基"的定位和具体内容要走出技术目标论的樊篱,还需要从终身体育的角度重新认识和确定。从学生走向社会后一生的体育生活需要来看,要求学生具有全面的体育素质,这包括正确的体育价值观念、广博的体育文化素养、良好的运动情绪体验和科学的健身方法技能等。因此,体育的基本知识不应该仅仅是运动技术的理论介绍,而应该将该运动技术的人文性融入其中;基本的技术和技能也不能仅从大纲的规定或者难易程度考虑,还要从学生的兴趣和需要出发进行选择。有学者对此提出了五条依据:一是要考虑教材的典型性;二是要考虑教材的基础性;三是要考虑教材的文化性;四是要考虑教材的实用性;五是要考虑教材的可行性。

(二)正确对待竞技体育运动项目

竞技体育与学校体育有很大的差异,前者追求高度的技巧性、体能的极限性,训练过程的专业化、系统性,有较强的功利性和商业性;而后者在于促进人的全面发展和健康成长。但是,两者也有共同点,那就是通过参与竞技运动项目,培养学生坚强的意志力、规则意识和民主精神、竞争和合作的意识及能力等现代人特有的素质。因此,教师不能一味地排斥竞技运动项目,而应该有意识地积极引进和加以改造。关于改造竞技运动项目,即竞技运动的教材化在学术界讨论较为激烈,实践中体育教师在这方面的个体经验也很丰富。比如,简化比赛规则,改变器材的竞技化和成人化,增强活动的趣味性和生活化等。教师可以从中得到启发,进而根据学生的年龄特点和地域特色等具体情况对竞技运动项目进行创造性的利用和改造。

(三)注重教学内容的健康性与时代性

学校体育的根本目的在于增强学生体质,促进学生身心健康。因此,一切对学生健康有利的教学内容都可以纳入选择的范围之内。相反,对于那些虽然编入了教材,但对学生身心健康没有特别帮助的教学内容,或者一些难度较大、极其复杂的动作,也完全可以不作为选择的内容。随着社会的发展,体育功能日益丰富,它已经从单纯的强身健体扩大到以强身健体为基础,追求体育所能带给人的审美、娱乐、休闲、交往等多种功能。因此,教师在选择教学内容的时候,要考虑活动是否具备多方面的功能,以满足学生不同的需要。以健身操为例,与传统枯燥的体操动作比较,它在发展学生身体素质的同时,更能带给学生美的享受、娱乐的体验和交往的满足。因此,它成了学生喜闻乐见的运动项目之一。体育教师就应该把握住体育的时代发展趋势,主动选择或创造出适合学生的内容,从而增强学生学习和锻炼的热情,满足其多方面的需求。

三、深化学校体育教学改革

体育教学的成功与否,很大程度上也取决于教师对体育课程的理解,取决于他们对学生特点的认识和对教学规律的把握。体育教学改革的一个中心思想在于,改变传统以技术传授为目的、以教师为中心、以学生达标为结果的教学方式,建立以促进学生健康为目的,充分尊重和激发学生学习的主体精神,使学生完成"要我学"到"我要学"的重大转变,并且使学生学会学习和锻炼,从而为学生终身体育打下良好基础的新教学模式。教育思想的变革必然引起和要求教学方法、教学组织形式和教学评价的变革。

(一)体育教学方法的变革

体育教学中普遍存在着教不会、教不悦的现象,这与体育教学内容多、学生人数多、时间少、场地器材不足等客观因素不无关系。但是,这与体育教师教学方法的恰当与否有着更为直接的关系。体育教学作为教育活动与运动训练有很大的区别,前者以促进学生的发展为目的,涉及学生个性的培养、创造力的培养、人格心理的完善等,后者更多的是关心运动竞技能力,因此教师绝不能将体育教学等同于运动训练。所以,在重视掌握运动技能规律的同时,教师更应该关注学生的发展,关注学生在运动中获得愉快的情绪体验。在实践中,许多体育教师也获得了教法改革的成功。比如,对于传统篮球教学,有教师一反以往先教基本技术再学习简单战术的教学方法,而从"体验篮球活动"入手,直接运用游戏和比赛的形式,让学生进入学习,在游戏和比赛的过程中寻找到成功的关键和乐趣,从而带动基本技术的学习。学生不仅学会了如何参与篮球活动,更为重要的是学会了学习,并且体验到了篮球运动的乐趣,这与传统篮球教学是不同的。

(二)体育教学组织形式的变革

我国体育教学组织形式强调统一、严密,虽然有利于教师控制整个教学过程,但是却不利于学生的发展。学生个体差异客观存在,在体育素质方面表现得更为明显,有些先天因素,是后天难以改变的。所以,不同的学生按照相同的步调进行学习,其结果是可想而知的。更何况运动项目之间的差异是很大的,不同学生学习兴趣不同,学生学不会或者学不悦就在情理之中了。为了使体育教学适合每一个学生,尽可能促进每一个学生最大限度地发展,个性化的教学组织形式是十分必要的。当然,这要依据各地的实际情况而定。一些体育硬件条件比较好、师资数量充足的学校,可以采取打破行政分班的方式,按能力、兴趣或性别进行分班;对于一些条件相对薄弱、师资数量偏少的地区,特别是部分农村和贫困地区,也可以在行政分班的基础上,按性别、兴趣、能力的差异等进行合理分组,分别给予学生不同的指导和帮助。对于目前教学改革出现频率较高的"小组合作学习"(即以异质小组为基本组织形式,以小组成员合作性活动为主体,小组目标达成为标准,以小组总体成绩为评价和奖励依据)这一具有现代意义的教学组织形式应给予关注和借鉴。

(三)体育教学评价的变革

教学评价既是对教与学质量的检查与评价,也是对学生学习的一种导向和激励机制。以往对学生体育学习的评价存在着诸多问题:评价内容局限于体能和运动技能的评定,评价方法主要以绝对性评价、总结性评价为主,评价工具局限于笔试、体能和运动技能测试,评价主体以教师为主等。这些很大程度上忽视了学生多方面发展的需要和可能,忽视了学生的个体差异以及学生学习的主体地位。因此,教学评价改革应该在原有的基础上强调和突出教学的导向和激励功能。

1. 评价内容的多维度

教师不仅要重视体能和运动技能,同时也要重视学生通过运动所获得的个性心理品质和社会适应能力的发展。

2. 评价方法的多样性

强调绝对评价和相对评价相结合,总结性评价和形成性评价相结合。相对性评价的出发点是根据每一个学生的实际进步情况进行考评。形成性评价是通过各种评价手段为学生的学习提供及时的反馈,以帮助教师和学生尽早发现问题、解决问题。两者的结合可以使学生既看到与目标的差距,也获得足够的信心,在不断学习与改进中取得进步。

3.评价主体的多元性2—

教师除了根据一定的标准给予学生公正的评价之外,还要重视学生的自我评价和同学之间的相互评价,充分发挥学生学习的主人翁意识。学生的自我评价和同伴互评不仅可以确保教师评价的客观性,还可以让学生在评价的过程中加深了对评价标准的理解和认识,为今后自我锻炼、自我监控和评价奠定了良好的基础。

四、优化学生课余体育锻炼活动,

与体育教学强调统一性、严密性不同,课余体育锻炼以其自主性、灵活性、开放性等特征吸引着学生的参与,学生在轻松愉快的氛围中学习和巩固体育基本知识、技术和技能,培养优良的品质,发展自己的个性。课余体育锻炼是学校体育教学的延续和补充,学校必须重视课余体育锻炼活动的开展。

(一)提高师生对课余体育锻炼活动的认识

课余体育锻炼是学校实施素质教育的重要途径,学校领导和教师应深刻认识课余体育锻炼的积极意义。

1.增强学生体质

实践证明,单靠一周两节体育课是无法完成增强学生体质的任务的。要切实地实现学生体质的增强,必须重视学生的课余体育锻炼,确保学生每天锻炼一小时。

2.培养学生终身体育的习惯和能力

学校体育要实现可持续发展,必须培养学生的参与意识、自我锻炼的能力和习惯。通过开展形式多样的课余体育锻炼活动可以吸引更多的学生投身体育锻炼,在自我锻炼的过程中学生主动运用所学的运动技能和健身方法指导自己,这能为学生形成"终身体育"的观点奠定很好的基础。

3.促进学生的社会适应性

学生社会化反映着学生与未来社会的一种关系,是指学生通过学习与内化社会文化而胜任社会所期待的角色的过程。学校课余体育锻炼多以小型竞赛活动的方式开展,由于竞赛活动具有比赛结果的不确定性和公正性、小组成员的协作性和比赛双方的对抗性等特点,对于培养参与者对环境的应变能力、积极的进取精神、集体意识和规则意识都具有重要作用,有助于学生适应竞争激烈、复杂多变的现代社会。

4.发展学生个性

学生的个性化侧重于学生"独特性"的形成,包括能力、特长、自主性、主动性、创造性等方面的发展。课余体育锻炼与体育课相比较,无论对活动的内容还是形式,学生都拥有更大的自主选择权。在这样的活动中,学生不仅能够深化课堂教学内容,还可以获得更为广博的知识和技能,培养具有鲜明个性的运动兴趣和爱好。同时学生可以体验到更多的成功的喜悦,在不断完善自我的过程中,动机、自我意识等一系列个性心理品质得以健康发展。

(二)保障课余体育锻炼活动的实效性

课余体育锻炼可以分为两类:一类是与作息制度相结合的并有一定组织和要求的活动,比如早操、课间操、班级或全校性的课外体育活动;另一类是学生利用课余时间,独立或结组在校内或校外进行的自发性体育锻炼活动。从两类活动的现状看,前一类活动的实施情况不尽如人意,学生缺乏兴趣,活动流于形式;后一类活动往往被忽视。这样一来,学生普遍缺乏体育锻炼的时间。

在开展课余体育活动时,保障每一次活动的实效性显得十分必要。目前,在全国范围内推广实施的大课间操模式就是一种有效的尝试,各种体育教育类的报纸杂志都有成功经验的报道。与传统课间操相比,大课间操模式时间长(平均 30 分钟)、内容丰富、组织形式灵活、练习强度适宜,受到学生的普遍欢迎。

(三)确保课余体育锻炼活动的有效组织管理和指导

课外体育锻炼多属于学生的自发行为,但对学校来说,却不能够放任自流。如何针对学生课余锻炼的特点进行有效的组织管理和指导是学校和体育教师应当共同关心的问题。目前,国外(主要是欧美和日本等国)学校课余体育的管理模式——学校体育俱乐部,不失为很好的范例,我国的部分高校和高中也开始实施,已有初步效果。学校体育俱乐部是以单项体育组织为基础,强调学生的自主参与和自我管理能力,教师起协调和指导作用。学校体育俱乐部同我国以班级为单位组织体育锻炼相比有以下优点:①促进学习由被动向主动转变;②学生行为角色不断变化;③团体环境优化;④师生对应关系变化;⑤学生爱好和个性得到发展;⑥学生运动行为能力得到提高;⑦终身体育观念容易形成。就目前情况而言,我国课余体育要实现从班级体育锻炼向体育俱乐部转变就要创设一定的前提,如学生的课业负担要减轻,学校的体育设施和场地条件要改善,教师和学生的认识能力要提高等。

五、提高体育教师队伍素质

建立高质量的体育教师队伍是学校体育实施素质教育的关键,教师要热爱党,热爱社会主义祖国,忠诚于人民的教育事业;要树立正确的教育观、质量观和人才观,增强实施素质教育的自觉性;要不断提高思想政治素质和业务素质,教书育人,为人师表,敬业爱生;要有宽广厚实的业务知识和终身学习的自觉性,掌握必要的现代教育技术手段;要遵循教育规律,积极参与教学科研,在工作中勇于探索创新;要与学生平等相处,尊重学生人格,因材施教,保护学生的合法权益。对此,学校必须采取有效措施,大力提高教师素质。

(一)加强我国体育教育专业的改革

我国高校中的体育教育专业是培养体育师资的重要阵地,但从调查结果可以看到,该专业的学生存在着诸多不尽如人意之处,集中表现在专业思想不稳固、知识面狭窄、教育教学创新能力和实践能力薄弱等。这与体育教育专业的课程设置和教学有着直接的联系。课程设置多注重专业课程,忽视基础课程;专业课程多重视运动技术、技能的学习和提高,忽视相关理论学习和方法的掌握;学生练习时数多,理论学习时数和门类少;学生教学实习时间短,缺乏必要的组织管理,使教学实习流于形式等。尽管目前课程改革有一些进展,但是效果不太明显,这势必影响着体育教师专业素养的提高。

针对目前体育教育专业存在的一系列问题和素质教育对未来体育教师提出的新要求,有两个方面必须引起足够的重视:第一,突出体育教育专业的师范性特点。培养体育教师不同于训练运动员,在课程设置和教学过程中不必一味地追求学生运动技术、技能的提高,更应该重视运动技术的理论学习和各种方法的掌握,并且要做到理论联系实际,在实践中深化认识,掌握方法。同时,要充分重视教育类课程以及专业课程与教育类课程两者的结合。第二,加强体育与健康教育的融合,培养综合型教师。体育与健康教育相结合已是学校体育未来的发展趋势。学校"体育课"更名为"体育与健康课",绝不仅仅是称谓的简单变化,而有更为深刻的含义。

(二)重视体育教师的继续教育培训

继续教育是提高教师素质的重要途径。开展以培训全体教师为目标、骨干教师为重点的继续教育,能使中小学教师的整体素质得到明显提高。近年来,教育行政部门重视青年骨干体育教师的培训,举办了各级、各类学校体育骨干教师培训班,制定颁布了体育教师继续教育的有关制度和规定,并推行继续教育证书制度。但目前体育教师继续教育也还存在诸多问题,如以学历达标为目的的学历教育;培训的方式多样,但缺乏严格的考试制度和行之有效的管理措施;课程设置没有突出在职教师的特点,教材内容与在校时学过的内容重复;办学单位过多重视经济效益,忽视教育效益和社会效益;等等。这在很大程度上影响了学员的学习积极性,使继续教育的实际与目的相去甚远。

为了促进继续教育的健康发展,我国必须尽快解决相关问题:①在学历补偿教育的基础上加强以更新知识、更新观念、更新教育技术为中心任务的非学历教育;②提高继续教育的质量,针对在职教师的特点和不同层次教师的需要,进行课程、教材、教法和考核制度改革;③规范办学单位及制度,把继续教育仅仅当作有偿服务和开展创收的重要渠道转变为把发展各类学校继续教育作为学校办学的主导方向。

(三)引导教师参与学校体育科研课题活动

实践证实,科研兴校不仅能提高学校教育教学质量,同时也能提高教师队伍的素质。一大批中青年骨干教师、优秀教师就是与科研课题的开展同步成长起来的。目前,与其他学科教育科研相比,体育教育科研显得十分薄弱。这有科研起步晚、经费少等客观原因,也有教师自身精力缺乏、科研意识淡薄、科研能力不足等主观原因。引导教师有效参与体育教育科研应注意:①要结合各种类型的教师培养和培训,大力提高教师科研的能力和水平;②要加强高校体育院系、体育科研机构和中小学体育教师的合作,充分发挥各自的优势,围绕学校体育,特别是在实施素质教育的难点和热点问题上进行深入研究和思考;③各级领导要充分重视和支持学校体育的科研工作,在制订教育教学计划时,要为学校体育科研留有一席之地,在选题、经费的使用、人员的配置上要给予教师实实在在的支持和帮助。

第二节　新时代我国农村体育发展机制革新策略

我国是一个农业人口占多数的国家,由于居住分散,农村体育的重点应放在乡镇,农村体育选择发展重点,是我国农村体育发展经验的总结,是由乡镇在农村经济和社会发展中的地位和作用决定的。

农村体育工作面临着新的发展机遇。农民生活水平的提高将刺激农村的体育需求增大。随着农村经济的发展,广大农民的生活水平有了显著的改变和提高,最显著的标志就是农民收入较以往有了较大幅度的增加,全国的农民基本过上了温饱有余的生活,而且消费结构发生了变化,整体已经迈进小康生活,这得益于农业科技进步战略的实施,农业生产效率普遍提高,农民的闲暇时间也较以前有了较大的增多,这使得农民在财力和时间上具备了追求物质消费和文化娱乐活动的前提条件,农民更加注重身体健康,对体育活动的需求急剧增长。这就要求农村体育工作必须切实起到丰富广大农民业余文化生活的作用,这是中国农村社会发展的一个重要趋势。伴随这个趋势,城乡差别将进一步缩小,城镇公共设施建设标准将不断提高。新兴小城镇的体育工作要与其他各项工作协调发展,体育设施和体育组织网络的规划和建设要及时跟上,使城镇居民有良好的体育锻炼的条件和环境。

一、革新农村体育管理方式

中国农村改革和发展的实践证明,农村社会主义精神文明建设必须高度重视、统筹兼顾、责任明确、分级管理。农村体育的发展也必须适应农村改革和发展的需要,从管理方式上进行新的探索。

第一,县级政府要依法治体、统筹安排。政府行为是国家行为,代表着政府的形象与国家的声誉。县级以上人民政府应当将体育事业经费、体育基本建设资金列入本级财政预算和基本建设投资计划,并随着国民经济发展逐步增加对体育事业的投入。要从战略高度认识农村体育工作的重要性,把农村体育作为农村社会主义精神文明建设的重要方面和展现社会风貌的窗口,把全民健身活动作为提高国民素质的一项重要内容,并纳入政府工作序列,逐步使体育成为亿万农民生活中不可缺少的部分,积极引导和组织农民形成健康、科学、文明的生活方式;将农村体育工作列入议事日程,建立和完善相应的规章制度,统筹规划,合理布置,从制度上保证农村体育工作的落实,把开展体育工作的情况逐步作为考核各级政府工作业绩的一项指标。

第二,县级体育行政部门要以农民体育协会为抓手,注意发挥各级农民体育协会的重要作用。实践证明,县级体育行政部门组织的农民体育活动,由于农民体育协会配合,其效果往往大于单纯的行政组织。同时,也使体育行政部门从许多日常工作中摆脱出来,体育由"一家办,多家看"变为"一家牵头,多家参与"。农民体育协会的积极性被发动起来;可突出其"业余、自愿、小型、多样"的特点。

第三,乡镇要建立健全文化体育站。县级机构改革前,乡镇没有体委的"腿",乡镇没有相应的体育机构,体育活动成了可有可无、无足轻重的事。机构合并后,县文化体育行政部门赋予乡镇文化站管理体育的职能,有的改称文化体育站,原来的文化专干改称文体专干。乡镇文化体育站的建立可以有效解决县级体育工作"有头无尾"的现象,使县级全民健身活动的组织体系进一步完善。乡镇文体站的建立为村级体育活动的开展创造了条件。特别是与农村联系最为紧密的乡镇干部中要有专人分管这项体育工作,做到工作有计划,锻炼有场地,活动有组织。

第四,农民体育协会要培养体育骨干。近些年一些地方的实践证明,农村体育和农村其他工作一样,只要选好带头人,农民就会积极响应,大力支持。乡镇要注意发现和培养体育积极分子,以他们为骨干,把农民组织起来,使更多的农民参与到体育活动中去。

二、探索农村体育运行新机制

农村体育的运行机制是开展农村体育活动的组织程序。国家体育总局根据多年来总结的农村体育活动的经验,对农村体育工作进行大胆探索,发挥各级组织的作用,充分调动农民的体育积极性,吸引更多的农民参与全民健身活动,建立城关镇、镇、乡三级运行网络,以城关镇为龙头,镇为中心,乡为基础,向村辐射。

第一,充分发挥各级行政组织的主渠道作用。国家体育行政部门对县级体育工作十分重视,制定了创建体育先进县的若干规定,又专门下发了相关文件对县级体育工作面临的形势、任务、机构以及各方面体育工作进行了详尽的安排,推动了县级体育工作的开展。无论机构改革与否,其体育事业基本上是人员未散,经费未减,场馆未少,活动未断,这为进一步开展全民健身活动奠定了良好的基础。在全民健身活动的实践过程中,针对农村的实际状况,应采取"一个为主,四个依靠"的政策,即以政府行为为主,依靠各部门,依靠基层,依靠各协会,依靠企业和个人资助,推动健身活动的逐步开展。

第二,加快建立和完善农村体育组织网络。开展农村体育活动,必须首先建立健全农村体育组织网络,充分发挥农民体育协会、农民体育俱乐部、体育辅导站等基层体育组织的作用。特别是要以乡镇文化站为中心,发挥其阵地作用,以农村体育积极分子(复员退伍军人,高、初中毕业回乡青年)为骨干力量,推动农村体育的发展。

第三,处理好行政组织和农民体育协会的互补作用。体育行政部门是政府管理体育工作的机构。县级体育行政部门不论是单设或是合并办公,都承担着发展农村体育的任务,都要对农村体育进行管理、组织和投入。县级体育行政部门的工作代表着政府对农村体育的认识程度,反映对广大农民的关心和爱护,也体现对"三农"的重视。农民体育协会由于其组织的自发性、业余性,有相当的积极性和号召力。县级体育行政部门在组织农村体育活动时,要充分尊重农民体育协会的意见,放手让他们去组织,调动他们开展体育活动的积极性。农民体育协会要主动争取县级体育行政部门的指导,把协会的活动纳入统一规划,使体育活动更具有影响力和号召力。

三、优化农村体育运作方法

农村体育涉及地方政府、体育协会、体育主管部门、社会力量和农民自身,在发展农村体育中,他们为着同一目标,分别扮演着不同的角色。只有每一个角色都发挥优势,形成推动发展的合力,才能促进农村体育的进一步发展。在具体的实施过程中,应注意以下四点:

第一,因地制宜。从某种意义上讲,没有农民体育也就没有全民健身。在国家体育总局和农业农村部、中国农民体协的积极配合下,农民健身活动已连续开展了几十年,积累了丰富的经验,取得了显著的成绩。今后要在此基础上,下大力气,进一步加强合作,抓出新的成效来,使经常参加体育健身活动的农民人数逐年增加；要结合农村实际，探索适合农民特点的体育活动方式，提高农民参与体育活动的比例。农村体育与其他各类人群的体育不同，要照顾农民的生产生活特点，因时、因地、因人、因项目制宜地开展农村体育工作。因时就是要区别农忙和农闲、冬春和秋夏等不同季节，多在农闲和冬春以及春节期间开展体育活动。因地就是要考虑南方和北方、平原和山区不同的自然条件。因人就是开展适合不同年龄、不同性别、不同民族特点的体育活动。项目就是把农民传统体育项目与现代体育项目结合起来，只要农民有积极性、有兴趣，就要鼓励和支持。

第二，分类指导。我国地区差异较大，农村经济发展不平衡，开展农村体育可以采取不同的对策。富裕地区如长江三角洲、珠江三角洲等地区要通过发展体育市场，鼓励农民自己投资，开展体育活动，走体育社会化、产业化道路；贫困地区要根据当地实际，以政府为主导，通过开展体育活动，帮助农民改变传统观念，立志、立教，促进扶贫、开发；对西部地区要加大支持力度。

第三，利用节日。农村聚会一般选择在节日，要利用节日人群聚集的机会，开展群众体育活动。各地在元旦、春节、国庆期间都要开展文化体育活动，举行拔河、篮球、乒乓球等比赛。少数民族地区还要有民族特色的比赛项目。特别是春节假期时间较长，民众聚会机会增多，安排好春节度假，过好喜庆文明的节日，也是各级地方政府的责任。近年来，各地都把体育活动作为春节度假的一种重要形式，使春节活动更加丰富多彩，起到了寓健身于乐的作用。农村基层体育活动，尤其是仪式性的民间体育活动，是农村基层文化的龙头，是民族文化的平台和民族文化的传承场。在民间，仪式性的体育活动总是牵动其他的民族文化活动共同开展，往往形成独特的节庆氛围。

第四，改善条件。切实改善农村体育设施条件，保证在场地、经费等方面对农村发展体育的投入，进一步开展好农村体育先进县和体育先进乡镇的评选，以先进带动后进，不断提高体育设施的标准。做好农村乡镇的全民健身路径的建设,各级政府要加大对建设农村体育设施的支持力度,把体育设施建设统一纳入城镇建设规划中去。新兴城镇的体育设施建设必须与城镇总体建设相配套。随着市场经济的发展、政府财力的增加,政府应当相应地增加在修建体育设施上的投入。随着我国体育社会化、产业化的发展,体育经费来源渠道的增加,政府财政的投入在体育运动设施建设总投入中所占比例可能减少,但投入的绝对数应当随着物价的上涨和财政收入的增加而逐年递增。这是因为体育是一项社会公益事业,在贫困地区更为重要。

第三节　新时代我国社区体育创新发展研究

社区体育实践,特别是近些年社区体育所取得的一系列成绩充分说明社区体育已成为关系到全民健身活动发展全局的重要工作,直接影响全民健身活动的总体进程,在满足人们日益增长的体育需要、推动体育社会化、实现《全民健身计划纲要》的战略目标等方面有着举足轻重的地位和作用。加强社区体育活动,构建社区体育服务新体系,真心诚意为社区居民服务,已经成为新时期对全民健身工作的新要求。

社区体育服务是社区体育工作的主要内容,是社区体育工作的中心,是评价社区体育工作的核心指标,是体现其社会价值的主要途径。近年来,社区体育事业发展较快,取得了许多鼓舞人心的成绩,对全民健身活动的发展起到了积极的推动作用。但是,由于历史的原因,我国社区工作起步晚,社区建设时间短,目前仍然处在"亚社区"向现代社区的过渡阶段,社区服务仍然处在初级阶段或起步阶段。我国社区体育尚缺乏稳定成熟的理论体系的支撑,实践中也难以形成稳定的、制度化的格局。无论是社区服务的理论体系还是实践格局,都具有过渡期的特征。因此,在经济体制改革和社会结构变迁的双重转型时期,认真研究社区体育理论,深入探讨建立适应社区发展趋势的社区体育服务体系,对于推动全民健身活动的发展、顺利完成全民健身计划第二期工程的各项任务、实现社区体育的最终目标有着重要的现实意义。

一、我国社区体育发展的动因与意义

(一)我国社区体育发展的动因分析

1. 体制改革推动社区体育的大发展

管理体制改革使政府职能转变为统筹规划、政策引导、组织协调、提供服务、调查研究,充分利用行政、法律、经济等手段,建立多种多样的调控机制。这种由微观管理向宏观调控的转变,权力下放,充分发挥社会办体育的积极性,使社区社会自治管理成为可能,从而推动了社区体育组织的形成。经济体制改革是从以政治利益为主的运作机制向以满足需求为主的运作机制转化。这种由计划经济向市场经济的转变使社会服务成为社会生活的重要方式,从而促进了社区体育服务的全面发展。

随着改革开放和经济的发展,社会成员固定地从属于一定社会组织的管理体制已被打破,单位体制逐渐衰落,促使全方面依赖工作单位生活的"单位人"向"社会人"转变。越来越多的人不再完全靠单位来解决生活需求问题,社区越来越成为人们的主要活动基地。国有企业深化改革、转换经营机制,政府机构改革、转变职能,企业剥离的社会职能和政府转移出来的服务职能,大部分需要城市社区来承接。除此之外,经济类型的多元化以及人口的老龄化,促使游离于单位以外的居民不断增多。他们体质的提高和健康管理更加依赖于社区体育的开展,这样,客观上就要求社区进一步发展体育服务、加强健康管理、强化教育内容、完善培训功能,推动社区体育向纵深发展。

2. 生活方式与健康观念的变化

20世纪是人类文明发展史上的一个重要世纪,是科学技术大发展的世纪。现代科学技术改变着世界,改变着人们的生活空间,改变着人们的生活方式。这些变革给人类带来许许多多的便利和社会参与的机会,同时,也给人们的生活带来种种烦恼和危机,如大面积环境污染造成的生存条件恶化,营养素、低消耗的能量与物质代谢造成的体内物质积累,科学技术的不断发展使劳动强度降低,造成人们运动不足而产生体能"饥饿",机械化、电气化、信息化文明造成的人类生物结构和机能的退化,节奏快、生活压力加大造成的千奇百怪的心理障碍等,"文明疾病"广泛蔓延,威胁着人们的健康生活。随着社会的发展,人们已逐渐认识到参加体育锻炼是防治"文明病"最积极、最有效、最方便的方法与手段,健康运动的观念日益深入人心。生活方式与健康观念的变化已成为社区成员参与社区体育活动的内在动力。社区居民对健康的追求,推动着社区体育的持续发展。

(二)发展社区体育的现实意义

社区体育是社会公益事业的一部分,目的是解决本辖区居民健身娱乐等方面的问题,满足社区居民的体育需求。搞好社区体育服务对促进社区发展具有深远的意义。

1.推动我国社会转型

随着改革开放和经济的发展,单位体制逐渐衰落,促进依赖工作单位生活的"单位人"向"社会人"转变。越来越多的人依靠市场和社区,而不再完全靠单位来解决生活需求问题,社区成为人们的主要活动阵地。随着生活方式与健康观念的变化,人们对体育的需求日益增长,健身娱乐已成为社区居民生活的组成部分。这些变化要求基层社区发挥体育整合、体育服务和体育管理的功能,建设和发展社区体育。

2.提高人民生活质量

当前人们生活方式还存有一些不科学、不利于健康的习惯,导致人们在追求舒适的同时,正逐渐失去健康。社区通过推广科学健康的健身项目,组织丰富多彩的体育活动,提供优质周到的体育服务,让社区居民在参与社区体育活动中享受积极向上的文化娱乐生活,逐步养成良好的生活习惯,形成科学文明的生活方式,不断提高社区居民的生活质量。

3.亲善人际关系

现代生活方式使邻居间关系逐渐疏远,这对社会稳定有一定的影响。社区体育是以自愿、自由、自主的形式开展活动,它以轻松愉快、平等自由的方式为社区成员提供社交场合。体育活动讲求民主、平等、公正、协作等精神,加上轻松愉快的活动方式,有利于成员间的人际交往。人们通过交往相互了解,通过协作产生信赖,促进亲密关系的形成。除此之外,社区体育活动使参与者特别是青少年学习到体育的价值、道德规范和正确行为方式,并逐渐将其内化为正确的道德观,这不仅有利于形成适应社会的个性特点,也有利于社区居民间形成良好的人际关系。

4.增强认同意识

对社区的关心和认同意识是促进社区繁荣与发展的基本条件。认同意识的建立,需要两个条件:一是共同的利益;二是归属感。社区成员为了自身健康参加社区体育活动,并在体育活动中逐步关注与体育活动有关的社区公共设施、绿化、公共卫生以及社区服务等问题,通过共同利益产生共鸣,并逐步交流取得一致意见,达成共识。这样多次反复,成员们的共同意识感就越来越强烈,最终会付诸共同的行动,表现出成员的凝聚力。除此之外,社区体育活动的开展都是通过各类社区体育组织进行的,成员们参加社区体育组织,参与社区体育活动,并从中获益,因而加强了成员对组织和社区的归属感。这种强烈的归属感,使其感到有责任、有义务为社区发展贡献自己的力量。总之,社区体育活动可加强成员们的联系,融洽成员们的感情,促使社区成员更加关心社区发展,共同为社区的发展做贡献。

5.完善社区服务

社区体育是社区服务的内容之一。社区体育的核心是满足社区居民的体育需求,社区体育服务是满足这种需求的主要途径。过去的社区服务主要集中在社区成员的饮食起居,随着体制改革和社区建设的发展,社区服务的范围不断扩大,教育、卫生、体育、治安等服务体系也相继建立。社区体育随着社区成员健康需求的不断增加而备受关注。近年来,社区体育在健身休闲服务方面也下了不少功夫,许多社区开设健身房、双休日学校、周末俱乐部、舞厅、活动中心等,组织各种趣味体育活动,满足了社区成员对休闲娱乐的需求。随着城市现代化发展和住房条件的改善,家中老人或孩子的孤独感很强烈,需通过一定的社交活动来改变,社区体育就是一种较好的社交活动。总之,社区体育的功能对满足社区成员生活需求有重要意义,对完善社区服务、方便居民生活、促进社区发展有积极的作用。

6.推动全民健身活动发展

社区作为精神文明建设和全民健身计划实施的载体,对我国社会体制改革和体育事业发展有极为重要的意义。社区是社会发展和体育事业发展的基本点,社区建设是社会发展的重点。而作为社区建设重要组成部分的社区体育,理所当然地成为全民健身活动的主要途径。社区体育为全民健身工程提供了良好的环境,全民健身工程为社区体育创造了硬件,两项工作相辅相成,相得益彰。社区作为人们生活的基本点,是实施全民健身计划的"根据地"。社区体育使《全民健身计划纲要》的实施更加符合社会发展的需要,促进了体育社会化。

二、社区体育服务的内容与组织工作

发展社区体育的根本目的在于改善居民活动环境,倡导健康文明的生活方式,提高生活质量与社会生活价值。建立完善的社区体育服务体系是社区体育建设、管理和发展的中心任务与基础工作。积极构建以人为本的社区体育服务新体系和运行机制,是全民健身活动进社区、推动社区体育发展的关键。社区体育服务的基本内容是社区体育服务体系的重要组成部分。根据社区体育的基本任务,社区体育服务可归纳为:推广社区体育健身项目,开展丰富多彩的社区体育活动,为社区居民提供健身娱乐咨询等方面的服务。

(一)社区体育服务的主要内容

1.推广适宜在社区内开展的体育项目

推广适宜在社区内开展的各类体育项目,丰富社区居民的健身方式,是当前我国城镇社区体育服务的基本内容之一。体育运动发展至今,内容丰富,形式多样,其中不乏具有健身性、娱乐性、趣味性等的项目。但是,社区体育现状表明,我国城镇社区居民用于健身娱乐方面的体育运动项目较为单一,主要集中在拳、功、操、舞等项目,具有明显的非竞技化的韵律性、表演性、传统性和文体一体化的特点。为了尽快扭转这种局面,满足社区居民的不同需求,应在社区中大力推广行之有效的体育健身项目,丰富人们的活动内容和健身方式。社区体育项目可分为竞技类健身项目、娱乐类健身项目和康复类健身项目三大类。竞技类健身项目可提高生理机能,娱乐类健身项目强调愉悦身心,康复类健身项目注重防病祛病。竞技项目是体育运动最精彩、最活跃、最具挑战性、最富生命力的运动形态。它们中的许多项目可直接用于社区居民的健身锻炼,如篮球、足球、排球、乒乓球、羽毛球、网球、游泳、自行车、武术、大众健美操、艺术体操和田径运动中的一些跑、跳项目等。有些竞技运动项目通过适当的改革也很适宜在社区体育活动中开展,如拳击、攀岩、武术中的对练、体操运动、技巧运动等。娱乐类健身项目是丰富文化生活,提高生活质量,形成愉快、和谐生活方式的有效手段。在城镇社区体育服务中应积极推广门球、体育舞蹈、有氧操、棋牌、游戏等健身项目,在有条件的社区还可积极推广保龄球、高尔夫球等健身、娱乐和社交于一体的高档健身项目。康复类健身项目可谓历史悠久,在我国城镇社区中有着较广泛的群众基础。目前,社区中最为常见的康复健身项目多为传统的拳、功、操等,而许多现代医学的康复健身项目推广还不够,如医疗体操、实用性体操等。

随着时代变迁和社会进步,人们的体育观、娱乐观和健身观会不断变化,社区体育项目也不可避免地会发生变化。把握变化趋势,对于社区体育项目的推广有积极的指导意义。日本学者真野认为,具有一定特点的运动项目才符合健身运动的发展趋势:①易于普及,连续性强,规则简单;②能根据自己的力量调节运动;③能在探索未知中获得乐趣,面对年轻人、高龄人均同样具有魅力;④注重提高体能,运动负荷适当。目前,人们不仅把体育作为利用余暇时间来丰富文化生活的手段,而且力图通过体育来实现自我价值,强调参与体育过程中的自律性、自主性和创造性,这种价值观的变化对未来社区健身运动的推广与发展必将产生重大影响。

2. 开展多样化的社区体育健身活动

采用多种方式,发动、引导、组织社区成员开展经常性的体育健身活动,是社区体育工作的主要任务之一。社区体育以经常性健身活动为主体,坚持业余、自愿、小型多样,遵循因地、因时、因人制宜和科学文明的原则。在开展各种体育健身活动中,要讲究科学,注意安全,重在参与;实现传统健身养生法与现代健身方式相结合、个人锻炼与集体活动相结合、健身娱乐与医疗保健相结合、健身活动与节假日活动相结合,广泛开展形式多样的体育活动,引导不同特点的人群参加喜闻乐见的体育活动;要关心和重视知识分子、老年人、幼儿和残疾人的体育活动,积极开展形式多样的竞赛活动,激发居民体育健身的积极性。竞赛活动以动员尽可能多的居民参加为基本出发点,办出特色,形成传统。社区体育组织应根据本地区实际情况,定期举办综合性体育竞赛活动和单项竞赛活动,要有目的地结合节假日组织体育竞赛、表演和社区内外的交流活动,利用寒暑假举办形式多样的中小学生单项体育竞赛、培训以及锻炼小组等活动。开展健身活动应有很大的灵活性与适应性。正规的体育活动特别是竞技运动项目,都有严格的比赛规则,以确保竞争公平合理。但是,社区成员开展社区体育健身活动的主要目的是强身健体,提高居民参与社区体育活动的积极性,养成终身锻炼的习惯。练习的规范性和参与的公正性应满足实现社区健身活动主要目的的需要。开展社区健身活动应力求练习内容的全面性、项目选择的多样性,尽可能包括有氧运动、力量练习、柔韧练习等不同性质的健身活动,以求体质全面、均衡发展,可供练习者选择的锻炼项目应多样化,以满足练习者的不同兴趣爱好。开展健身活动应引导练习者循序渐进,切忌急于求成,技术动作应由简到繁,运动负荷应由小到大,锻炼前应进行热身运动,锻炼中应正确使用器材,锻炼后应进行整理活动。开展社区体育活动应注重娱乐与健身结合、日常活动与竞赛活动结合,坚持长期、系统的原则,有计划,有监测,有良好的生活习惯。在开展活动前对练习内容、运动负荷、练习时间、项目确定等都应有周密的计划安排,经过一段时间后还应进行必要的调整。组织者还可通过练习者的脉搏、血压、呼吸、睡眠、饮食等方面的情况,对其练习过程进行监控。

3.为居民提供社区健身咨询

社区成员年龄跨度大,职业种类多,受教育程度不一,人们对健身方法的掌握、健身原理的认识、医学常识的了解,不尽相同。对于健身者来讲,参与锻炼是为了达到个体目标,追求健身效果,科学地选择健身项目、练习内容、锻炼方法和运动负荷等尤为重要。为了让社区居民选择正确的健身方法和有效的锻炼手段,形成文明、科学的健身观,达到健身娱乐的目的,可有组织、有计划、有步骤地为居民提供社区体育健身咨询,社区体育服务是非常重要的。社区体育健身咨询,一方面是向社区居民传播必要的健身常识,进行健身教育,另一方面是对社区居民进行健康咨询。

(1)介绍体育锻炼的一般知识。运动负荷是运动训练理论中极其重要的核心概念,由运动量、强度、密度、时间等因素构成。运动量指练习的次数、距离和持续时间。研究表明,健身活动的持续时间一般以超过30分钟为宜。运动强度是指单位时间的运动量,是衡量运动量的主要依据,计算方法有年龄计算法、净心率计算法、运动量百分比公式法、靶心率法和卡沃南计算法等。运动密度指每周练习的次数,研究表明,每周的健身活动3次至4次效果最佳。

(2)宣传体育锻炼的自我监督方法。自我监督又称为自我检查,指练习者在健身过程中,对自己健康状况和生理功能变化做连续观察并定期记录。其目的是评价锻炼效果,调整计划,防止过度疲劳和运动性损伤。主要检测指标有情绪、自我感觉、睡眠情况、饮食状态、排汗量、心率、血压、体重变化和肺活量等。自我监督的内容可分为主观感觉和客观检查两部分。

(3)传授处理运动损伤的常用方法。健身过程中运动损伤时有出现,正确的处理方法对伤口愈合、功能恢复的作用重大。常见的运动损伤有韧带损伤、肌腱损伤、肌肉断裂、关节损伤、骨折和关节脱位等。急性损伤的处理原则是:早期(伤后48小时以内)处理原则,主要是适当制动、止血、消肿、镇痛和减轻炎症,伤后即刻冷敷、加压包扎、抬高伤部、适当制动,加压包扎 24 小时后可拆除,根据伤情外敷新伤药;中期(指伤后 48 小时后)处理原则主要是改善伤部的血液和淋巴循环、促进组织代谢、促进瘀血与渗出液的吸收、加速再生修复,处理方法可采用热敷、按摩、拔罐、药物治疗,同时应根据伤情进行适当的康复功能锻炼;后期处理原则主要是增强和恢复肌肉、关节功能,主要以按摩、理疗、功能锻炼为主,适当配以药物治疗。慢性损伤的处理原则是:改善伤部血液循环,促进组织的新陈代谢,处理方法有按摩、理疗、针灸,特别要重视功能锻炼。

(4)进行健康咨询,帮助人们处理体育锻炼过程中遇到的各种影响健康的问题,如疾病、情绪、挫折、焦虑和社会适应不良等,使人们形成正确的健身观念,积极参与社区体育活动。从个体来看,心境满意,心情舒畅快乐,同练习伙伴关系和谐,同练习环境融洽,是以稳定的情绪参与健身活动以达到良好健身效果的内在前提条件,它们对于练习者的健身活动参与趋向、认同程度、价值判断都将产生重要影响。健康咨询内容广泛,从为居民提供社区体育服务这个层面上看,主要涉及个体成长和发展两方面。成长是指个体机体的变化,主要指数量和性状;发展则指终身过程,主要同参与健身活动的心理和社会适应有关。就成长而言,咨询应侧重于练习者各器官、系统生理机能的特点与规律;就发展而言,咨询应侧重于练习者心理特点与发展规律。咨询者在工作过程中应力求做到理解、同情、友善、幽默、耐心、诚挚、老练、忍耐、思路开阔。

(二)社区体育活动组织工作程序

社区体育活动的组织主要包括制定活动组织方案、建立活动组织机构、制定体育比赛规程、确定组织工作计划四个部分。

1.制定活动组织方案

组织方案是组织社区体育活动的依据,一般包括:①社区体育活动的名称与目的。主要根据全民健身运动的方针、政策、任务、社区活动计划与要求以及社区活动的性质来确定。②社区体育活动的规模。主要根据本次活动的任务确定,同时明确主办单位、参加单位、参加人数、比赛项目和组别、活动或比赛的日期和地点等。③工作机构。根据实际需要确定,包括机构的组成、组织形式、工作人员数量、各部门负责人名单和分工情况等。④经费预算。根据实际需要确定,一般包括场地、器材、宣传、奖品、交通、食宿、医药、招待、邮电、印刷、文具、会场布置以及工作人员补贴等费用。⑤工作步骤。主要根据大会规定的工作阶段确定各阶段的工作重心和主要任务,制定完成准备阶段工作的方法和措施。

2.建立活动组织机构

社区体育活动或比赛的组织是一项复杂细致的工作,通常是根据活动或比赛规模的人数成立相应的组织机构。

3.制定体育比赛规程

社区体育活动主要包括两类:一类是以表演和展现人们精神风貌为目的的各种文化娱乐活动,另一类则是竞技体育项目或者是降低了一定难度的竞技体育项目。社区体育活动规程与体育比赛的竞技规程基本一致。社区体育活动规则、规程是组织社区体育活动和比赛的最基本的条件,是组织比赛和裁判工作的具体根据。为了保证竞赛活动顺利有序地开展,组织者必须制定出相应的比赛规则和规程,两者缺一不可,否则将无章可循。主要包括:①社区体育活动的名称、目的任务。②社区体育活动(比赛)的日期与地点。③参加单位。④社区体育活动(比赛)的组别和项目。必须列出各组别的具体项目,组别一般按性别或年龄分组。对每一个具有健身娱乐性质的趣味项目,都应以简洁的文字制定出切实可行的具体规则与要求,必要时,还可以用绘图形式说明某些项目的活动路线。⑤参加办法。具体规定各单位的参加人数、每个项目的参加人数以及每个人可以参加的项目数。⑥比赛办法。详细说明各项目的录取人数、场地器材的具体规定。特别应注意写明特殊的规定,如参加比赛的人数不足录取人数或某些项目只有一两个人参加时的具体办法。⑦计分办法。这个方面的内容较多,在制定比赛规程时应分别做出规定,主要包括单项的计分办法、团体总分的计分办法,还应制定出单项成绩相等和团体总分相等时的评定方法。⑧奖励办法。写明获得单项和团体规定名次的奖励内容。⑨工作人员、裁判员的选派方法。

4.确定组织工作计划

成立了组织机构后,各组根据工作任务和具体要求,在组长的领导下,讨论工作方法和工作步骤,确定工作计划,保证任务的顺利完成。

(三)社区体育竞赛组织原则与分组编排

1.社区体育竞赛的组织原则

社区体育活动或比赛,参与者和比赛双方都应在活动或比赛过程中获得均等的条件和机会,应努力做到所有参与者在相同规格的场地上,使用相同的器材,采用相同的比赛方法和判罚尺度,最重要的就是条件均等原则。运用条件均等原则时应注意以下几点:①比赛条件尽可能均等。组织者不仅要为所有参赛者提供条件相同的比赛场地,准备或规定使用器材的性能和尺寸,还应考虑阳光、风向、气候的影响,尽可能使比赛双方在同等条件下比赛。②参赛人数(队)的各种条件相等。凡是集体性质的比赛项目,组织者都必须对上场队员的人数、性别和年龄做出明确的规定(如拔河比赛)。除此之外,球类比赛在换人方法和换人次数等方面虽可做出一些特殊的规定,但是组织者应尽量借鉴竞技体育的规则与裁判方法,以增加比赛的可操作性。③比赛顺序、休息时间和机会均等。在比赛的出场顺序、位置的安排上都应遵循公平的原则,让其机会均等。一般以抽签的方法排定比赛顺序和比赛位置。社区体育活动或比赛,在一定程度上不及竞技体育激烈,但在比赛中总要消耗一定的体力,出现一定程度的疲劳,休息时间也是组织者必须考虑的问题。

2.社区体育竞赛的分组工作

一般情况下,凡是参加一个项目的比赛,组织者都会给每人或每队填写一张卡片。有些具有田赛性质的比赛项目,也可多人或每项填写一张记录表。在所有报名参加的比赛项目的记录卡片填写完成以后,经过仔细核对,即可进行分组。

分组的基本步骤与要求:①根据社区体育活动或比赛项目的性质和特点、比赛场地情况(场地大小、跑道数、布局情况)和裁判人数进行分组,以4~6人(队)为宜;②如有可能,同一单位的运动员应尽量避免分在同一组内;③分组确定后,组织者可抽签排定组次、道次和出场顺序,参加人数较多的集体项目,也可组织领队抽签,排定比赛顺序。

3.社区体育竞赛的比赛日程编排

比赛日程即比赛时各项目的先后顺序。比赛日程编排是否合理,对参赛者技术水平的发挥,裁判员裁判工作的顺利进行,工作人员的工作以及观众的情绪、入会的气氛,都会产生重要的影响。因此,在编排比赛日程时,应注意以下原则。

(1)规范性与灵活性相结合。规范性指组织社区体育活动和比赛时,组织者往往会选择一些竞技体育的项目,或者选择一些降低了一定难度的竞技体育项目,同时,也会采用一些人们非常熟悉和习惯的健身娱乐项目。这类性质的项目在参加人数、比赛办法、计分方法、裁判方法等方面,都是人们比较熟悉和了解的,具有一定的规范性。灵活性是指组织者自行设计的一些新颖、有趣、别具特色的项目。在编排日程时,一般将竞技体育项目和降低了一定难度的竞技体育项目或熟悉的健身娱乐项目安排在前,新设计的项目安排在后。这样既便于组织比赛,又有较充分的时间向参与者解释新增项目的比赛方法。

(2)动静交替,长短结合。这是指在编排比赛日程时,应根据项目的负荷特点及运动特征,将激烈、刺激、距离较长、难度较大、运动负荷较大的项目与平缓、有趣、距离较短、运动负荷较小的项目交叉编排在日程中。一般将难度与运动负荷较小的项目安排在前,难度与运动负荷较大的项目安排在后。

(3)集体项目与个人项目相结合。在编排比赛日程时,还应考虑项目的参与人数与气氛,尽可能使比赛逐渐进入高潮。从便于组织比赛和保证比赛准时、顺利举行的角度考虑,一般将个人项目安排在前,集体项目安排在后,尽可能增加比赛气氛,使比赛逐渐进入高潮。

(4)性别与年龄相结合。在编排不同组别的比赛日程时,最好将中老年的比赛项目编排在前。

(5)体能与智能相交替。在趣味健身活动中,有些项目对体能要求较高,有些项目要求体能与智力的综合体现。编排比赛日程,对项目的特点应有充分的认识,一般将智力要求较高的项目安排在前。组织者有时为了突出有趣的特色,可以在同一组别的负荷项目之后安排智力要求较高的项目;为了保证比赛的有趣气氛,也可将其分别编排在各个时段中。

(四)社区体育竞赛成绩判定方法

社区体育竞赛的内容非常丰富,形式千变万化,在竞争过程中,判定成绩胜负的方法很多,归纳起来有以下几种:定性判定:在判定过程中,以是否达到标准为判定成绩的依据,通常以完成动作的姿态、节奏、动作的质量、难度与优美程度等定性指标进行判定。定性判定常用于健美操、武术等项目,通常以评分的形式判定,评分高者为优秀。定量判定:在判定过程中,以一些具体的客观标准为判定成绩(名次)的依据。定量判定是健身娱乐项目竞赛中广泛采用的判定方法,如计时法、计先法、计距法、评分法、计数法、淘汰法等。综合评定法:以整体效果、整齐程度、动作的规范性为依据进行评定,如广播体操、健身操、秧歌比赛等。综合评定法也在一些素质性比赛中采用,既要评定动作的质量,又要计数,如 1 分钟俯卧撑计数比赛。

(五)组织社区体育竞赛的注意事项

1.制定竞赛规则与规程的注意事项

因社区体育竞赛的规则与规程合二为一,因此,两者不能产生矛盾,文字要准确,要求要具体,不能使人产生误解,要体现公平竞争,尽可能使参与者的各种条件相同。项目设置应充分考虑参与者的年龄和机能状况以及场地条件和比赛时间的限制。规则与规程制定好后,应提前下发,以便让参与者提前做好准备。

2.自创项目设计与挑选的注意事项

自编、自创或挑选比赛项目是非常关键的问题,是体现组织者对社区体育活动理解的重要标志。在设计和挑选项目时,应考虑以下几点:

(1)趣味性与健身性并重。这是设计和挑选项目的总体要求,项目的设计与选择应紧扣趣味和健身的主题,应设计或选择一些运动负荷适宜、趣味性较强的项目。对趣味性与健身性两者并重的总体要求是组织、设计与选择项目的难点。

（2）群众性与可行性。在设计和选择项目时，应选择一些群众喜闻乐见的项目，设计出对参与者有一定难度又便于完成的项目。项目的设计应考虑广泛的参与性和组织者的实际情况以及比赛时间的充裕程度。

（3）多样性与规范性。多样性是指项目的设计与挑选应适应不同层次、不同性别的人群，应考虑人体活动时对各部分的刺激与影响。规范性是指挑选项目时，要从便于组织实施考虑，使项目相对稳定、便于比赛、利于裁判工作等。

（4）健身与竞争并存。这是设计与选择社区体育项目的另一个重要要求。有些项目，在单一练习时，竞争性较低，健身作用明显，但集体练习或比赛时，其竞争性大大增加，危险性也随之增加，这类项目组织者在选择时必须慎重。

（5）体现教育性与娱乐性。有些健身娱乐项目，其项目名称就具有很强的教育性，如"齐心协力""同舟共济"等，这些项目，不论是项目名称还是完成这些项目的具体过程，都体现团结一致，要求步调一致才能取得优胜。除此之外，有些健身娱乐项目，其项目名称又具有很强的娱乐性，如"斗智""袋鼠赛跑"等，不论是项目名称还是具体的完成过程都具有较强的娱乐性。

3.判罚过程中的注意事项

（1）规则与判罚的尺度统一。社区体育活动与竞赛的组织者应设计或挑选一些内容与形式较新的项目，这些项目在判定比赛方法与规则时，规则的内容应适用于双方，规则对双方发生的同样性质的犯规或违例，判罚原则应该完全一致。除此之外，对犯规或违例的判罚、对双方执行规定的尺度是相同的，而且，裁判之间的尺度也要一致。

（2）成绩名次判定的准确性。在自编、自创的健身娱乐项目竞赛中，参与者由于自身的原因或外界环境的影响，必然会出现各种类型和不同程度的违例或犯规现象。在成绩（名次）判定时，正确区分无意犯规、故意犯规和不文明与不道德的行为才能提高判罚的准确性。对不同性质的犯规应给予不同程度的处罚,尽可能减少误判、漏判与反判,保证判定成绩与名次的准确性,减少不必要的争议,达到判罚尺度的统一。

(3)加强宣传教育工作,做好解释工作。在具体判罚过程中,要尽量做到准确无误。参与者因看问题的角度不同,会提出各种异议,这时组织者、裁判员应及时说明与解释规则和规程条款,讲清为什么要判罚。

4.加强安全教育,制定预防措施

虽然社区体育竞赛的组织者要根据参与者的性别、年龄和实际情况设计与挑选比赛项目,参与者在比赛中也会采用安全、实用的技术进行比赛,但在比赛中由于种种原因,参与者还是会出现这样或那样的伤害事故。组织者必须高度重视,不仅要在项目的设计与挑选时考虑安全因素,还应在场地器材的准备上考虑安全因素,同时,组织者还应制定出可行的预防措施,设立医务机构,保证比赛的顺利进行。

三、社区体育服务新体系构建措施

(一)坚持政府建设与社会兴办相结合

就整体而言,我国社区体育服务还属于公益事业,其发展在很大程度上还要依靠政府的支持,人力推动和促进社区体育服务是政府的职责。资金短缺、设施不足、组织乏力是社区体育服务面临的最大问题,要妥善解决这些问题,应坚持政府支持与社会兴办相结合的原则。政府重点支持公益性体育设施建设、群众性体育组织和以社会兴办为主的体育活动,鼓励、支持企事业单位和个人兴办面向大众的体育服务经营实体,积极引导群众的体育消费,大力培育社区体育服务市场,加强规范管理,逐步形成有利于社区体育服务发展的社会环境。社区体育服务的正常开展依靠服务资源的供给和利用。一般来说,社区服务的资源主要分成物质资源和人力资源两个部分。在我国社区体育服务事业发展进程中,一直存在着服务需求的扩展和服务资金投入不足这一对矛盾。为此,尽快建立以"政府为主,多方出资"的资金筹集机制,就显得十分重要。资金是保证社区体育服务事业正常运转的物质基础,是衡量社区体育服务事业发展水平的重要标志。由于历史的原因,我国社区服务自开展以来,就呈现政府自上而下的带领和推动发展的特点。我国经济发达地区的社区体育服务之所以能在近十年中快速发展,无不得益于当地政府的积极态度和鼓励政策。可以说,还处于社会转型中的我国社区,如果没有政府的支持和推动,仅靠社区居民的自发参与,社区体育服务无论是规模还是质量都不可能满足人们对体育活动的需求。

社区体育服务作为社区服务的内容,相当一部分属于政府的责任范围,如用于健身的大型基础设施的规划、设计和修建等,因此,政府投入始终是社区体育服务的主要资金来源。政府投资的形式分为财政拨款和无偿提供健身场地设施或相关服务的减免税收等方式,只有坚持以政府支持为主的投入方式,才能从根本上避免目前社区体育服务中用有偿服务代替本应是无偿服务或公益性服务现象的继续存在,才能真正确保广大社区成员人人享有参与健身、娱乐的权益。

政府对社区体育服务的支持还涉及社区体育服务政策的研究、制定和推行,社区体育服务的规划和实施,社区体育服务标准的制定和实行,社区体育服务机构的审批,行政立法和监督等。具体来说:第一,政府通过各项政策推动和扶持社区体育服务的发展;第二,政府在组织上具体落实社区体育服务工作;第三,政府通过制定评价社区体育服务规范和标准来指导社区体育服务。要解决社区体育服务过程中存在的一系列问题,如人、财、物的投资等,切实推动社区体育服务,除政府支持外,还应积极动员和组织社会各界广泛参与。由于我国尚处于社会主义初级阶段,财力不足、资金短缺是开展社区体育服务的突出问题之一,可以通过全社会参与,增加筹集资金途径,弥补政府投入的不足。社会广泛参与是获得社会捐助、加大社区体育服务资金投入的有效手段。随着社区服务的发展和公民社会参与意识的提高,各种形式的社会捐助将不断增加,这些捐助有的来自机关、企业,有的来自社会团体或个人。社会广泛参与是增大体育彩票基金,加大社区体育服务资金投入的重要途径。体育彩票收入是用于发展我国体育事业的专项资金。各地应充分利用体育彩票发展当地的社区体育服务工作。这些建在群众身边的体育设施,既方便了群众参加体育健身活动,又有效地缓解了体育健身场地、设施不足的压力。社会广泛参与是建设全服务网络的有效方法。体制改革要求政府简政放权,改办体育为管体育。基层社区体育服务工作由谁组织和管理是新形势下面临的又一大难题。把社区体育服务放到具体的单位和体育团体中去办,充分发挥社会非政府组织的积极性,依靠共青团、妇联、工会、学校、企事业单位和各种体育组织和实体来兴办,使社区体育的政府渠道和社会渠道贯通,使社区体育管理的政府行为和社会行为相结合,有效地建立和健全社区体育服务网络,从根本上解决建立和健全社区体育服务网络的问题,适应体制改革对社区体育服务的新要求。

(二)优化健全社区体育组织网络

行政体制的转变对社区体育组织发展提出了新的要求。社会主义市场经济体制逐步建立,政府不再是管理社会与促进社会发展的唯一主体,而应更多地凝聚社会各方面的力量,共同促进社区体育服务的发展。社区体育行政结构其职能由"微观管理"向"宏观调控"转化,管理方式也由行政命令向协作方式转变。体育行政机构由包办体育向主管体育转变,逐渐将主办权交给社区体育组织,在开展社区体育中突出社区体育组织主导地位。而现有的社区体育组织网络,与计划经济体制下,通过数十年逐渐建立起来的服务与竞技体育的单项运动协会以及具有突出"单位人"特点的行业体协等体育组织网络相比,在规模、作用、功能等方面都显得不太成熟。加之近十年来,社区体育服务发生了较大变化,服务内容从最初开展单一的健身活动,向开展相关咨询,推广健身项目,组织大型活动和提供更高档次、更具个性的社区体育服务发展;参与部门也由少到多,涉及面由小到大,由当初街道办事处扩展到辖区内的企业、公司、事业单位和工、青、妇等社会团体以及其他社会组织;服务性质已突破了民政部门传统的便民利民服务的框架,广阔地向社区行政事务、社区发展事务等方面延伸。目前,我国城市社区存在的社区体协、住宅区体协、晨晚练活动站、地区(片)体协和一条街体协五种体育组织形式,已滞后于社区发展与体育服务的要求,需要一种新的方式来整合社区资源。首先,为了尽快解决社区体育服务"有人管,有人干"的问题,政府机构应建立健全社区体育工作的相关组织,为社区体育工作的深入开展提供坚强的组织保障。其次,为了使社区体育组织达到服务辖区大、服务覆盖面广、辐射力强的要求,有的群众体育组织在结构上突破了"以条为主"的特点,逐步从"强条"向"强块""条块"结合方向发展。建立大统筹的社区体育服务体系,实现资源优化配置和设施的充分利用,以避免造成本来就十分有限的服务资源浪费,以适应居民群众日益增长的生活需要,为实现服务项目齐全和服务网络化奠定良好基础。比如,在社区中建立学校、家庭、社会体育的一体化组织网络,不失为一种好的做法。

第四节　新时代全民健身市场网络运行机制规划

一、市场机制在健身网络中的作用

　　市场、市场机能和市场机制三者之间关系密切,相辅相成,即市场这种经济实体存在,就会有与之对应的市场机制和市场机能。

　　(一)市场机制可以内在调节健身网络运行

　　自从计划经济以来,一直推行传统的大众体育运作管理模式,然而,在全民健身市场网络出现之后,那种传统的运作和管理模式开始受到质疑。自从 20 世纪 70 年代以来,在体育发展事业当中开始加入商业经营的手段,也就是在体育领域引入了一种新的观念——"经营,在适用于以营利为目的的商务活动的同时,也应该积极地在社会公共发展事业当中应用"。从 20 世纪 90 年代开始,我国的体育事业开始逐步走向成熟,并进一步得到完善。由于新型事业的发展,再加上国民经济的影响,我国的体育事业迎来了一个"新竞争"体系。企业与网络两者之间存在着密切的关联,这主要包括水平方向和纵向方向两种,这种联系也是构成"新竞争"

体系组织特征的重要组成部分。

具体来讲,体育市场作为一只无形的手,通过市场经济的某种内在调节使得健身网络的所有经济行为整体转变为市场行为,进而通过一系列的转化,表现为各种利益的结果和经济目的。由此可知,网络系统能够维持正常的运营和生产,群众体育消费的欲望和体育产品与服务的供求之间能够保持一定的平衡性,都是体育市场在健身网络运行当中发挥着不可替代的作用,而这种调节作用具体可以描述为一种市场机制。目前,我国的体育市场所处的环境是不完全竞争性的,从某种程度上讲,这也决定了市场机制的调节作用具有一定的条件,市场机制的调节作用具有一系列的过程,首先通过操纵网络系统的全部过程,决定着网络上的不同资源能为群众健身带来的效应或作用,最后达到平衡体育市场中的供求的基本比例关系的目的。

(二)市场机制作用于健身网络运行中的局限性

虽然市场机制在网络运行中发挥着重要的作用,但是市场机制所发挥的作用并不是完全的,存在着一定的局限性,它并不能够准确有效地实现当前阶段大众健身市场网络的社会经济目标,起到的作用是有限的,并不是全方位的。其局限性主要表现在以下三个方面:

第一,市场机制对健身网络运行的调节具有一定的盲目性。市场调节需要一个过程,并不能够直接高效地发挥作用,首先,价格要转化为信号,然后信号才能进一步传达到网络决策层,这样就会形成一个时间差,所以说市场调节是一种事后调节。这种调节的延迟势必会带来相应的副作用,导致网络微观决策的被动概率大大提高。众所周知,体育市场存在很大的波动性,它主要受消费者的影响,如果一种新形式的体育商品突然出现或某件产品受到追捧,这种情况下很容易产生从众心理,人们便开始疯狂地抢购。商家看到这种商机,就会增加产品的供应量,使得商品的供需失调,商品过量地堆积,最终带来的结果就是产品价格在一定程度上下调,进而对投资方造成不小的消极影响。上述情况所反映的主要问题是如何合理进行总量控制,提高营业利润。举个实例,在我国的体育市场中,这种情况很普遍,如高尔夫球场、保龄球馆、足球场等相关场馆的过度发展,都与市场机制的盲目性调节有着密不可分的联系。由此可知,市场机制在健身网络运行中的调节存在一定的弊端,这种事后调节的模式极大地增加了经济损失的比例,由此显得很被动,所以,在研究市场机制在健身网络运行当中的作用时要重点关注其盲目性。

第二,市场机制对体育公共物品供给方面的调节存在一定功能缺陷。市场机制不能够完全有效地调节体育公共物品的供给,其中包括众多形式的组织所配备的体育场地和公共基础设施等。本身来说,社会上的福利和公益项目是免费或者以较低的费用提供给群众用于健身活动,这有助于提高公众健身运动的积极性,号召大家主动投入到全民健身的队伍当中,能够起到良好的促进作用。然而,从网络的局部利益角度去考虑,无偿供给大众基础设施、体育用品以及场地,就会影响投资方的利益,由此降低了其生产和经营的积极性,所以,政府应该适当地对相关的投资方进行一定的财政和经济补贴,以此来降低他们的损失。如果政府缺少相应的调整措施,那么在市场机制的作用下,那些无偿提供给群众的基础设施和体育场地会被转变为更高利润的项目。举个例子,大城市当中有限的体育场地会被改建成舞厅、游乐园等娱乐场所,这样使得群众的健身场地变得更少,不利于全民健身运动的推行。

第三,市场不能使网络成员之间得到合理的收入分配。具体来讲,在体育市场当中,其交易的原则本身是平等和公正的,然而,由于不同网络组织间存在不同的资源和功能,这就导致各自所得到的经济效益的差异性。从市场的自发调节作用方面来考虑,收益差距扩大的概率也随之增大,进而不利于网络系统中各组织之间的良好协作和稳健发展。

二、全民健身市场网络发展概况

(一)全民健身市场网络的主要特点

全民健身市场网络可以理解为把市场行为和政府行为有机结合的一种模式,由此来深入分析国家体育职能部门如何使用体育场馆资源,并根据这一基础,利用市场机制的作用,对资源进行合理化的使用,最终提高群众健身的积极性,实现全民健身的愿望。

它的主要特点包括以下三个方面:

第一,一些大城市具有比较完善的体育基础设施。例如,深圳全民健身市场网络把各类体育场馆设施作为基础,而每个场馆设施都可以想象成一个网络点,通过连接这些不同的网点,最终形成一个完整的网络系统。这些场馆设施网点主要包括三大类,分别是学校和企事业单位所属场馆、公共体育场馆以及经营性体育场所。健身市场网络主要是指学校和企事业单位所属的场馆和公共体育场地,至于经营性体育场所,则是作为一种补充。

第二,政府行为的积极介入。将政府行为导入到全民健身市场网络当中,可以充分发挥政府的行政管理作用,这样能够实现政府和市场的有机结合,使其相互协调,使得行政方法、经济方法与法律方法共同使用。首先要设置网络的组织机构,并且制定相关的发展战略,然后对网点进行设置布局,同时也需要对网络进行经营和管理,这一切都应该加大与政府部门的密切联系,尤其是政府体育主管部门,如各个城市的体育发展中心,这样才能够保证在有经济效益的同时,也能够带来社会效益。此外,政府行为的介入也体现在网络的建立上,主要以学校和企事业单位场馆和公共体育场馆为主,这两者也是基础保障。

第三,与市场的紧密结合。全民健身市场网络的建立需要一定的社会背景,也就是随着较发达的社会主义发展,借助网络平台,促使社会体育产业化和市场化。值得说明的是,在组建网络并对其进行经营管理时,要从市场的角度出发,不管是对于网络系统的整体经营开发,还是涉及其中的某个小场所,都不能够脱离市场,经营策略需要与市场之间建立起高度密切的关联,主要包括三个步骤:①进行必要的市场调查。②确定目标市场,并对市场进行准确定位。建立全民健身市场网络,目的是让市民积极投入到健身活动当中来,逐步提高身体素质,为自己的健康做投资,并借助网络平台的力量使得最终效益达到最大。因此,网络的市场定位需要着重关注低价位策略,保证产品的多样性,同时价格合理,保证市场份额的领先作用,在后期制定经营策略的同时,需要时刻考虑这个定位,长期下去,保证消费者群体和竞争群体都可以深入了解这种理念。③实行市场营销组合策略。

(二)全民健身市场网络的主要功能

(1)全民健身市场网络能够为市民提供多样化、低价位、便利有效的体育健身项目和娱乐场地。

(2)全民健身市场网络能够为市民提供便利的体质监测和运动处方,最终保证群众进行科学的体育锻炼。

(3)全民健身市场网络能够为市民提供一种集中分散相结合的、稳定系统的、开放的、方便可靠的体育活动锻炼方式。

(4)全民健身市场网络能够为市民提供科学方便的健康锻炼咨询平台。

(5)全民健身市场网络可以提高体育场馆的使用率,进而提高经济效益。

(6)全民健身市场网络可以优化配置体育市场中的各种资源,包括人力、财力和物力。

(7)全民健身市场网络可以培养市民为自身健康做小额投资的观念,积极调动大众健身的兴趣。

(三)全民健身市场网络的运行原则

1.适应性原则

由于全民健身市场网络存在互联性,导致体育市场竞争面临着全球性,这在一定程度上给体育企业和组织带来了更大的挑战,并且这种市场环境随时发生着变化,这就是适应性原则。

2.增值性原则

由于一种产品的生产经营不是一步完成的,中间需要众多的环节,而其中的每个环节都有可能增值,增值又可扩大网络运行范围。

3.特定化原则

这指的是首先找出具有代表性的一些客户的喜好和习惯,根据这种特点生产出符合消费者需求的产品。

4.主流化原则

这指的是某些企业为获取市场最大营业利润,多数采取赠送第一代产品的方式,这样能够抓住消费者的大众心理,提高购买力。

(四)体育产品网络营销战略

1.体育产品网络营销的战略观念

体育产品网络并不像传统市场营销那样,这两者之间存在着一定的差异,最主要的是网络强调顾客需求的个性化,并为顾客提供个性化服务,这是利用互联网的优势,积极了解顾客需求的变化,以满足不同消费人群多样的需求,属于战略上的创新。当然,这种网络营销模式并不是对传统市场营销战略的否定,而是根据当下具体的发展情况,在原有营销基础上进行的深化与发展。

2.体育产品网络战略的重点

总体来说,根据消费者的需求进行相应的调整,这才是体育产品网络战略的重点,并且需要为顾客提供个性化的服务,目的是创造新的竞争优势。

3.体育产品网络营销战略的种类

体育产品企业网络营销的战略有很多类型,包括企业形象战略和信息战略、人性化管理战略以及竞争与合作战略。

三、政府宏观调控对健身网络运行的影响

市场机制在全民健身网络的运行当中发挥着重要作用,不仅能够合理配置各种相关资源,还可以促进体育生产与服务的发展。因此,当前健身网络运行所遵循的原则,必须依照大众生活和体育发展的内在规律进行,不可脱离生产实际,并且要关注精神文明建设的状况,保证市场机制能够体现其重要意义。然而,我国当前的形势是正处于社会转型期,这种

现状下,计划经济与市场经济共同发挥作用,"看见的手"与"看不见的手"相互协调,有机结合起来。政府的宏观调控对于全民健身市场网络运行的影响主要有以下四方面:

第一,为网络运行提供相关的公共服务。网络经营所达到的微观利益成为市场经济的首要基础。如果要实现这一基础,那么就需要营造一个良好的氛围以及外部环境。要实现经济的稳健发展,提高人民的生活水平,改善群众的生活质量,维持市场的良好秩序,势必要营造一种安定的国家环境,同时外部的国际环境也需要达成和平友好的共识,而体育市场的形成和发展以及网络健身系统的运营和维护都依赖于体育消费者的意识和大众生活需求层次的提高,这有助于整个健身网络规范化和长久化地持续发展。以上这些相关的公共服务都是政府来提供的,不然很难单凭市场经济的调节作用达到这种结果。

第二,借助转移支付的方式扶持全民健身的某些经营网络或者某些项目。转移支付指的是通过把财政收入或体育彩票等收入的部分资金作为资助金,提供给收入较低的单位或者缺少公共服务的大众群体,以此来改善网络联盟不平衡的现状,从而维持网络良好运营的模式,降低损失的风险。

第三,保障体育市场良好的秩序。政府制定体育市场相关的法律法规,并通过严格监督和执法,规范体育市场中网络组织以及各种企业之间的行为,保证它们进行公平正当的竞争,最终为健身网络运行营造出合理竞争的环境,使得各项工作都规范化进行。

第四,通过全民健身发展的相关活动,调节收入之间的分配模式,保证不同网络间经济效益得到长久持续的增长。然而,市场机制在调节体育生产的过程中存在两大缺陷,即盲目性和滞后性。由上述可知,政府在维持健身网络体系运营、发挥宏观调控作用的同时,需要制定必要的计划和发展战略,避免其盲目性,最大限度地发挥其良性效益,必要的条件下,可以制定相应的扶持政策,最终实现引导网络体育生产的目的。例如,政府可以通过制定扶持发展的政策,规划好扶持的地区或者项目,特别是一些体育基础设施的建设以及某些带有公益性质的体育事业,通过引导和帮扶提高群众健身的积极性。除此之外,政府还可以征收累进所得税,目的是限制某些发展过度的为少数高收入、高消费阶层所喜爱的体育消费项目和场所的发展,将这些项目更加大众化,提高群众参与度。再者,通过转移支付的手段,扶持全民健身的某些经营网络或者某些项目,并提高收费低的体育辅导人员的工资,使其能够正常运营,满足大众不同的多样化体育需求。

以上措施,一方面能够保证网络运行相关工作人员的基本工资,提供给众多项目发展的机会;另一方面也可保证政府能够对体育市场中健身网络的运行进行必要的有力监管和调控。

四、中外健身市场在网络平台上的合作发展

由于中国改革开放的逐步深入,国民经济水平也在逐步提高,国际影响力日益增强,我国在国际上占据了更重要的地位。在这种全球经济的形势下,我国也加强了同世界其他各国经济贸易的交流与合作,而体育文化商品和其他商品没有什么不同,体育商品也在不同的国家和地区之间进行广泛的流通和交易。而且体育商品不受国界、民族、种族、语言以及风俗习惯等的限制,使得它们成为世界性商品。例如,自中国加入 WTO后,中国经济已面临着知识经济以及经济全球化的挑战,中国的体育市场也不得不向世界开放,体育商品作为全球性的商品在不同的国家之间进行竞争,同时面临着向世界全面开放的责任和义务。各体育组织和单位只有不断地提高自身产品的质量,并随着市场需求的变化不断进行创新,才能够在激烈的市场竞争环境中站住脚跟。另外,中国在 2008 年举办的奥运会,为中国的体育市场提供了一次空前的发展机会,同时,我国全民健身市场网络的运行也会面临全新的挑战。鉴于以上新的市场环境,我国的体育部门和网络组织不得不进行战略转变,加快与国外体育企业和经营组织组成战略性市场网络的步伐,这成为我国的重要策略手段,也是全民健身市场网络组织未来规划过程中最值得重视的一方面。

　　在计划经济环境下,我国体育组织和部门仅仅是作为一个行政管理型的单位。在我国进行改革开放之后,国家的体育发展进行了相应的战略调整,体育组织和部门由传统的行政任务型逐步地转变为财务利润和市场份额的经营管理型。多数学者普遍认为,在最初的一段时间之内,我国体育要想达到这一目的,就需要进行资源要素组合。所出现的显著问题是,由于不同体育经营单位之间的情况较为相似,且水平也处在同一水平,就造成它们之间进行低水平的竞争。其中最主要的问题是,不同体育部门和单位不能认识到全民健身市场发展的实际现状,更没有根据这种实际情况制定符合经营部门特定资源优势的相关发展路线。与此同时,不同产权类型的体育单位与企业之间在体育产品以及管理和营销模式方面存在较大的差异,其中最主要的是合作、合资以及独资的经营模式与单一模式相比具有明显的绩效优势,而这一优势也成为各体育经营单位网络联盟最具代表性的特点。借助这一国际经营网络,外方的体育市场纷纷进入中国市场,如外国名牌运动鞋、体育服饰、休闲娱乐、健身器具等。与此同时,中国的某些体育商品、健身器材、休闲服饰也走出国门,成功进入世界各国的市场,使不同国家和地区之间的联系更加密切。虽然我国体育市场发展比较迅速,水平也在逐步提高,主要表现在与不同国家之间的体育市场网络联盟更加密切和完善,但是我国在网络联盟中缺乏一定的经营技术和创新思路,处在劣势地位。由此可知,我国在体育市场的竞争当中并没有占据主动性,外资企业在我国有更广阔的发展空间,在某些方面对我国固有体系进行着冲击,不利于我国体育事业的发展。众所周知,国外的品牌占据了我国绝大部分的市场营销比例,如阿迪达斯、耐克等众多知名品牌,使得人们形成外国产品质量好的消费心理,越来越多的年轻人更愿意花高价钱去买这些品牌。而由外国兴起的高尔夫球、保龄球、攀岩等众多的休闲娱乐项目也吸引了多数人去消费。这样一来,导致国内一些低利润层次的经营越来越不受重视,如乒乓球、排球等我国引以为傲的项目,随着外国体育市场的冲击和挤压,发展前景并不乐观。具体来讲,要想深入地解决这些问题,就需要细致具体地研究我国体育市场中的中外合资或者独资企业的经营性质,旨在为我国体育市场网络联盟提供切实有效的改进措施。网络联盟最主要的目的就是要深入开发体育市场巨大的经济价值,这主要是由于我国与国外合作者形成的联盟是市场性联盟,而在这个过程中,我国主要负责提供资金、场地以及必要的技术,外国投资者则是抓住中国巨大的体育市场发展空间,这样就导致我国处于被动的劣势位置上。需要注意的是,尽管在与国外合资形成网络市场联盟有助于提高我国体育相关企业的生产技术水平,但是通过这一联盟,想要实现我国体育市场的发展与振兴还不成熟。可以说,我国的体育经营单位要走好体育市场网络联盟这一关键性阶段,就需要寻求我国体育市场的"内部"网络联盟。由上可知,这一战略将为我国全民健身市场的发展提供坚实而有力的理论支撑和实际应用,保证体育事业走向独立和成熟。

五、我国全民健身市场网络未来发展战略

第一,作为社会配置经济资源的常用手段,市场经济通过市场机制来发挥作用,以此调节社会的体育领域。所以,在深入研究全民健身市场网络的运行之前,首先需要调查清楚市场机制对网络运行发挥的作用,进行深入的分析和探索。

第二,如果要发展好社会主义的体育市场,就要重视市场机制对于全民健身市场网络运行的调节作用。当然,这种刺激性的调节作用具有一定的弊端,市场机制是通过影响当下网络结构性的市场经营行为,更容易拉开各网络组织之间的收益差距,进而影响到网络的友好合作关系等,所以,必须进行国家宏观经济调控,对市场机制进行相关的约束和监管,最终使市场机制在全民健身市场网络的运行中发挥其不可替代性的重要作用。

第三,网络联盟最主要的目的就是要深入开发体育市场巨大的经济价值,这主要是因为我国与国外合作者形成的联盟是市场性联盟。

第四,市场需求状况在某些方面制约着健身娱乐业的发展,这样来

看,积极发展信息咨询需求市场显得尤为重要。首先,要提高人民群众对于健身娱乐信息咨询的相关意识。体育信息部门可以采用不同的方法,深入到群众当中,向群众介绍本部门服务的范围和特色以及调研能力和质量保证,并对工作流程进行详细介绍,提高大众对于健身娱乐信息咨询的重视程度,能够主动地去咨询健身娱乐相关事宜。其次,加大宣传的力度和广度,从而扩大健身娱乐信息咨询机构的影响。最后,应该密切关注全民健身运动的动态,关注群众的心理变化,广泛地收集大众反馈信息。

　　第五,目前我国体育市场有待进一步发展,并且全民健身市场网络资源存在一定的局限,其布局的广度和密度一般情况下不能够同时达到较高的水平,所以,网络可以根据不同区域的具体特点,制定符合当地的特色发展策略,不受同一种形式的限制,能够灵活广泛地运用。在我国,由于内陆和沿海地区间地理位置的不同,所带来的差异也较为突出,在内地经济发展水平较为落后的城市可以选用广泛布局的方法;而在沿海发达地区,由于该地区经济发展水平较高,人均体育经费也比内陆地区多,这样就可以采用重点布局的方式。除此之外,对于那些偏僻贫困地区和农村体育市场需要有步骤地推进式进行。

第五节　新时代全民健身公共服务体系运行管理与规划

一、全民健身公共服务的特点

(一)基于执行者角度

　　从全民健身公共服务的执行者来看,全民健身公共服务是由政府执行的在各个部门的共同参与下实行的一项服务体系。由此可见,其属于政府执行的,为全民健身这一活动服务的服务项目。

　　全民健身公共服务是由政府作为领导者,在政府的领导下执行相关的方针政策。全民健身活动作为一项全国性的、全民参与的活动,其执行需要政府作为牵头人,社会各界广泛参与。其公共服务必须是由政府作为执行者,通过国家的法律法规和相关政策作为指导,通过行政手段和法律手段来规范相关行为,建立起合理合法的相关服务体系。因此,全民健身公共服务的执行者是政府,全民健身服务是一项面向全国人民开展的全国性服务体系,体现了我国政府服务型政府的性质和为人民服务的原则。

(二)基于服务对象角度

从全民健身公共服务的服务对象来看,全民健身公共服务的服务对象是我国的全体公民,这是由全民健身活动的实行范围所决定的。全民健身活动作为一项全国性的活动,其面向的对象是中华人民共和国的全体公民,其中不仅包括经济发达的一、二线城市,也包括经济相对落后的三、四线城市和广大偏远的农村地区。因此,全民健身公共服务是面向全国公民的一项公共服务,是为了全民建设更好的覆盖广大农村偏远地区和经济落后地区的一项服务体系,其面向的对象不只是各项条件相对àmi来说较为优越的城市地区,而是涉及全国公民。从其服务对象来看,全民健身公共服务不是简单的区域化政策,而是放眼全国范围的一项国家重要的公共服务。因此,全民健身公共服务体系属于全国性的公共服务体系。

(三)基于服务内容角度

从全民健身公共服务的内容来看,全民健身公共服务是从公众需求的角度出发的、由政府供给的一项服务,其内容有行政性的服务、公益性的服务和经营性的服务。行政性的服务是由政府出力,在政策上维护全民健身活动的顺利进行和相关事务的有序展开,维护全民健身活动的稳定发展。政府颁布一系列的政策为全民健身活动的推行提供政策上的便利,同时通过行政手段对全民健身活动进行宏观调控。公益性的服务就是在国家政策的号召下,各个公益机构或者志愿者为全民健身活动的开展提供服务。有公益机构为全民健身活动提供资金和技术上的支持,志愿者为全民健身活动参与者提供个人的专业指导或者是公益性的服务。经营性的服务主要是指营利性的健身场所,在为广大健身参与者提供服务的同时赚取一定的费用。经营性的服务以营利为目的,有专业的器材和较好的设备,能为健身活动的参与者提供更好的环境和指导。

(四)基于服务目的角度

全民健身公共服务是为全民健身活动提供服务上的保障,其目的在于通过完善的服务体系为全民健身活动推行做好配套的服务,使全民健身活动的发展更加系统化。要想搞好全民健身活动,首要的任务就是做好其公共服务的建设。完善的服务体系,能为全民健身活动的参与者提供更好的体验。相关的配套设施,无论是在政策上还是在进行上都能够享受巨大的便利,使得全民健身活动的推行减少了大量的阻力。全民健身公共服务的建设就是为了给全民健身活动提供方便和指导。因此,从其目的来看,全民健身公共服务就是为全民健身活动的开展大开方便之门,彰显政府的服务职能,为广大群众提供更加良好的服务体验。

二、全民健身公共服务建设的理论依据

(一)推动人与社会的全面发展

全民健身公共服务的重要基本理论就是人与社会的全面发展。随着时代的变迁,我国在进入新时代以来,社会经济水平显著提高,人民的生活质量和消费水平也显著提高。为了继续推动人民生活水平的提高,使得人民的健康水平能够与社会发展水平相匹配,促进社会与个人的全面发展,全民健身活动由此展开。而全民健身公共服务是以人和社会的全面发展作为基本理论的,其目的就是促进人与社会的全面发展,并以此为原则制定其服务体系。因此,全民健身公共服务的基本理论之一就是人与社会全面发展。全民健身公共服务在社会发展的基础上推动个人身体素质的提高,从而提高社会整体的身体素质水平,实现个人与社会的全面发展。

(二)提升我国国民身体素质

全民健身活动的目的在于提高国民的身体素质,而全民健身公共服务也是以此为基本的理论依据的。全民健身公共服务体系说到底还是为

全民健身这一活动所服务的,因此,二者具有相同的目的和理论上的依据。从理论上来讲,二者都是为了提高国民的身体素质。目前,我国国民的身体素质较发达国家而言仍然处于弱势地位,全民健身公共服务就是为了更加高效地推进全民健身活动的开展,从而达到提高国民身体素质的目的。全民健身公共服务以提高国民身体素质为基本理论和宗旨,并以此为指导推动全民健身活动的开展,为全民健身活动提供相应的服务和便利。

(三)建设服务型政府

建设服务型政府是全民健身公共服务体系理论的重要理论依据和目标。我国政府是为人民服务的政府,我国政府坚持为人民服务的原则。全民健身公共服务是以服务型政府的建设作为重要依托的,是我国建设服务型政府为人民服务宗旨的重要体现。

在全民健身活动的开展过程中,政府以为人民服务的原则开展全民健身公共服务的建设,并将之作为全民健身公共服务的基本理论。我国政府是服务型的政府,这是由我国人民当家作主的国家性质所决定的。在我国,政府始终把广大人民的利益放在第一位,在全民健身公共服务的建设过程中以此为基础,建立起面向广大人民,真正为广大人民着想的全民健身公共服务。

(四)提高我国综合国力

一个国家的综合国力决定了这个国家在国际上的国际地位,因此,提高综合国力是全民健身公共服务体系的基本理论之一。从本质上来说,全民健身公共服务是服务于全民健身这一活动的,所以二者的出发点和目标是基本一致的。二者都是为了提高我国的综合国力,国家之间的竞争除了政治、经济和文化之间的竞争,还有关于人民群众综合素质的竞争,其中身体素质水平是评价综合素质的重要指标之一。国民身体素质的竞争是综合国力竞争的重要内容之一,因此提高国民身体素质,进而提高我国的综合国力和国际竞争力是全民健身公共服务的基本理论之一。综合国力的竞争对于全民健身公共服务提出了更高的要求,随着综合国力的不断提升,我国的全民健身公共服务必将随之得到大幅的发展。

(五)推进社会发展趋势

当前的社会发展趋势也是全民健身公共服务的基本理论之一,为全民健身公共服务提供了良好的理论支撑。就目前来看,我国的社会物质文明建设已经达到了较高的水平,无论是我国的国民平均收入还是国民的消费水平都已经站在了世界的前列。在中华人民共和国成立初期,我国的主要任务是发展经济,对于国民健康水平的重视程度不够高,导致国民身体素质较低,特别是近几年我国的中老年人慢性病发病率又有显著的提高,因此,做好全民健身公共服务,推动全民健身活动在全国范围内广泛开展,提升国民整体身体素质已经是当前的重要工作内容。我国的全民健身活动开展的时间较短,相对于发达国家来说并没有经验上的优势。而且由于我国幅员辽阔,社会情况较为复杂,要想顺利开展全民健身活动,要以社会发展趋势作为基本的理论依据,建设全民健身公共服务才能够实现成功。

三、全民健身公共服务体系标准规划

(一)全民健身公共服务体系标准的界定

建设公共服务体系标准化指的是政府采用统一、优选的原则标准,通过制定相关标准规范全民健身公共服务体系中存在的问题。目的在于以相应的标准为实施的准绳,提高服务于广大人民群众健身体育锻炼活动的规划、实施与管理的水准及质量,使得广大人民群众获得更好的体验并促进体育锻炼活动科学、正常有序地开展。由此可见,全民健身公共服务体系标准化建设、实施与维护的主导者为各地政府且具备权威性,同时,对服务于广大人民群众的健身体育锻炼活动共享系统进行有效规划、实施、管理、监督与把控责无旁贷。而且在推行全民健身公共服务体系标准化的过程中,各地政府还要针对随时出现的问题,提出相应的解决方案,旨在不断完善与发展服务于广大人民群众健身体育锻炼活动共享系统的功能、作用与价值。除此之外,标准的制定需要涵盖广泛的应用场景,不可偏废,需要具备应用的广泛性、普遍性。进而,在全民健身公共服务体系标准化建立过程中,还应对于实施可能出现的潜在问题有所预判并包含在标准化之中,使标准同时具备衡量当下全民健身公共服务体系实施状况与预防问题的功能。

(二)全民健身公共服务体系标准的特点

服务于民众的全民健身公共服务体系主要具备以下特点:

第一,基础性服务特点。因为全民健身公共服务体系是将百姓民众设定为服务目标对象群体,因此其标准必须对不同地区不同情况均具有可操作性与普遍的适应性,目的在于能够在全国各个地区推广全民健身公共服务体系的价值与功能。

第二,多样化模式特点。首先,在实际服务过程中,因为各地区广大人民群众对于全民健身公共服务有着不同且多样化的需求,因此,提供多样化、系列化的全民健身公共服务体系标准则成为必然的选项。同时,对于那些无法以定量方法表述的标准,则需要采取定性化且清晰、易懂的方法表述出来。其次,在标准的供给方面,由于不同区域经济技术、人文地理、民俗民风的差异,构成各种不同风格与形式的全民健身活动方式,为此还需要根据各地区不同的全民健身活动特征制定不同的标准内容。

第三,标准的动态化特点。标准的制定与应用是处于动态化的进程中,随着社会不断发展进步、观念的改变以及经济发展的带动,全民健身活动的内容与形式都会进行相应的改变与提升。这就要求我国要与时俱进地根据社会发展以及百姓对健身体育锻炼活动方面的服务要求不断改进与提高。

第四,社会属性特点。全民健身公共服务体系标准是根据广大人民群众对于全民健身活动的需求而制定的,因此对于增强人民体质、增强民族自信与推进全社会营造和谐共生、构建新常态下的社会风尚有着重要的现实意义与指导意义。

(三)全民健身公共服务体系标准的主要内容

全民健身公共服务体系标准由产品标准、设施与场地标准、组织管理标准、资金与政策标准、人力资源与服务五部分组成。下面简要论述其中三点：其一，产品标准化。全民健身活动标准化内容指的是全民健身体育活动为广大人民群众提供参加体育锻炼的方法与途径，是全民健身活动的核心内容。健身体育锻炼活动对于百姓培养与提升其身体综合实力、协调能力、与人为善和谐相处以及培养积极向上的心态都具有很重要的作用。全民健身活动是由广大人民群众亲身参与的身体锻炼活动，因此大家在参与过程中对质量、数量、强度将直接产生深刻的感受。全民健身体育活动的标准化确定主要取决于各地区的经济、文化与习俗。为此在制定不同地区全民健身体育活动标准的时候，就需要认真考量不同地区的差异化，制定不同数量、质量、强度、内容、形式等的体育活动标准。只有充分评估不同地区的差异，才能制定出有利于更广范围地推广全民健身的体育活动，实现健身的强国的战略目标。

其二，设施与场地标准化。设施与场地标准化指的是全民健身体育活动进行的体育锻炼设施与场地的标准化，包括百姓健身体育锻炼活动所需的体育器械、器具与场地硬件基础条件。为此，需要特别关注全民健身体育活动设施与场地的实施标准研发以及对应的法律法规与行业规范建设。同时，在全民健身体育活动设施场地运营过程中的科学化监测、维护维修等均需要具备统一且严谨的标准化的操作实施。实施全民健身体育活动设施场地标准的管理团队，也必须严格按照既定的相关标准进行监测、维护维修的技术操作，以满足广大人民群众在全民健身体育活动中对相应体育设施场地的现实需求，使大家得以更好地进行体育锻炼活动，达成安全且高质量锻炼身体的目的。

其三，组织管理标准化。全民健身体育活动需要依靠组织引领与管理而进行。全民健身体育活动公共服务组织结构、职能与职责、制度与工作流程将直接影响全民健身体育活动公共服务质量的高与低。其中，组织的公共服务包含来自各级各地区主管部门、相关公众机构与相应企业。规范与标准的共享服务系统是百姓健身体育锻炼活动的最基本的保障。而且在推进过程中，对于资源整合、规划与实施都发挥着主导作用。

(四)全民健身公共服务体系规划的施行

1.全民健身公共服务体系模式

全民健身公共服务体系的实施方式可以划分为政府主导的服务方式与企业参与的服务方式两大类型。政府主要提供以下公共服务内容:首先,在全民健身公共服务体系管理方面主要包括资金与行政领导服务体系、法规制度管理体系、资金投入管理体系、科学研究管理体系、教育与培训管理体系、评估与激励管理体系;其次,在全民健身公共服务体系实施要素方面主要包括健身场地与设施体系、各种运动比赛体系、身体体质监测体系、全民健身公共服务体系、业务管理干部的培养体系、信息管理体系、全民健身公共服务管理组织体系。"公益性"是政府部门为全民健身服务体系提供服务的主导思想,为广大人民群众提供体育健身公共服务设施、保障与服务,目的在于为广大人民群众实现健身强国的国家战略目标,注重的是社会公共利益而非经济效益。在政府部门的主导下,开展全民健身体育活动,既能增进广大人民群众人与人之间的感情交流、协调人际关系,同时又能积极推进"以人为本"和谐社会的构建,它具备全民健身体育活动事业与公益事业的性质。全民健身公共服务体系将采取优化各地区公共财政支出体制,将社会公共服务支出列为工作重点。而且积极构建服务于广大人民群众体育健身的教育培训体系,以撬动更多资源服务于全民健身公共事业。因此,各地区政府应发挥融通资金投资、场地与设施投入以及配套的保障措施与信息服务等政府职能。

为了补充各地区政府财政方面的不足,需要充分发挥社会非营利组织在全民健身公共服务体系建设与发展过程中的有力支撑作用。而且推动非营利团体参与其中,对于各地区的劳动就业、相应资金使用的透明度与合理性均将体现出切实可行的操作与管理。全民健身公共服务体系的企业参与方式,则是遵循市场运作方式而形成的一种模式,其目的在于为广大人民群众提供全民健身体育活动中不同个性化且多样化的服务。对于不同社会层级所需要的多元化全民健身公共服务需求,各地区需要在政府的统筹协调下,发挥市场服务主体的功能以满足各类需求。该模式主要提供以下类型的产品与服务:全民健身公共服务体育产品方面,包括体育健身娱乐场所与设施、体育运动随身装备类产品与服务、体育竞争性表演活动服务、体育医疗类型服务、体育运动培训类服务、体育旅游产品与服务、体育广告与媒体产品与服务、体育保险市场的产品与服务等;同时在投融资方面、人才方面以及场所租赁方面进行服务。在市场化全民健身公共服务体系运行管理过程中,其价值在于提供相应的全民健身体育活动。在实际操作过程中,企业需要设计承接企业战略规划与发展的组织架构、法人治理结构以及各层级组织体系与职位体系、岗位目标绩效与薪酬体系以支撑企业战略规划与战略经营目标的实现。在确立了组织保障体系的基础上,需要确立人力资源保障系统对运营体系进行支撑。因此,需要升级既往人事管理方法,建立当代人力资源管理体系,从人才战略规划入手,在人才的"选、用、育、留、汰"5个方面设计人力资源管理模式。在企业市场营销管理系统,企业需要建立起当代以全民健身公共服务体系需求为目标市场的市场营销管理体系。以全民健身公共服务体系需求市场的充分调研和分析为基础,将市场需求根据实际需求划分为相应的市场需求子系统,即需求条件不同的细分市场。然后根据企业自身的能力与条件,找出并确定自身应该向其提供产品与服务的目标市场。之后,根据目标市场对产品与服务的需求而设计、研发对应市场需求的产品与服务,有的放矢地制定市场的营销管理方案。并且需要在为全民健身公共体系提供各类服务过程中,着力搭建质量管控体系,确保产品与服务的质量符合相关规范的标准与要求,以确保广大人民群众在全民健身体育活动过程中的安全。全民健身公共服务体系非营利性组织所提供服务的主要内容为:全民健身公共服务体育基金、各地区体育总会与全民健身体育公共训练中心服务、体育科学与社会方面的服务、体育与休闲娱乐服饰类型的产品与服务等。

2. 全民健身公共服务体系均等化

在全民健身公共服务体系推广与实施过程中,因各地区经济、技术与文化的差异,均等推行所提供的服务就显得非常重要。而全民健身公共服务体系均等化主要指的是:首先,各地区主管部门如何运用服务于公众的各项资源以满足百姓健身体育锻炼活动的需求,针对其需求为其提供均等的公共体育健身产品与服务。对于全民健身公共服务体系提供均等化服务而言,使广大人民群众享有均等的全民健身公共服务尤为重要。全民健身公共体育服务体系均等化包括三个方面的含义。

第一个方面是基准化体育健身服务。在新常态下,体育权的观念已经在全球范围被广泛接受,因此体育权则成为人权保障,进而成为应有的权利。同时自由、平等与消除歧视已成为全民健身体育活动的权利基础,也是落实广大人民群众人权与体育权的重要方式之一。为此,规划、实施与管理全民健身公共服务体系是一项重要的历史使命。

第二个方面是全体广大人民群众具有公平获得同等体育健身锻炼条件的资格。尽管每个人出生在不同的家庭环境、历史环境与社会环境,同时每一个人所持有的禀赋、资源与社会地位也存在很多差异,但并不妨碍每个人都能获得应有的、公平的体育锻炼条件。因为全民健身公共服务体系是各级各地区政府利用公共资源为民服务的,所以所运用的这些全民健身公共服务资源本身就具有公共的属性。

第三方面是均等与公平化,并不等同于平均化的行为,也不是绝对相同的意思。广大人民群众享有全民健身公共服务均等化的服务,规划与实施的前提条件是各级各地区政府要根据所处地区的具体条件与实际情况,在基础水平的条件下向广大人民群众提供规范与合理的服务。这里所涉及的实际情况与条件主要包括各地区自身的经济与社会发展现状、地域特征、风土人情等。为此在各级各地区政府主导下所提供服务的公平与均等,更多指的是在基本条件允许的范围内提供与创造出均等的公共体育健身服务机会。与此同时,因为每个人的差异是客观存在的事实,所以在享受各级各地区政府所提供的全民健身公共服务之均等的情况下,也不会完全构成绝对等同的结果。因而这里论及的全民健身公共服务均等化的结果,也只能是一种相对均等的结果,而不是绝对均等的结果。因此,我国需要着力从以下几个方面进行规划与实施:

其一,各级各地区政府有关部门必须重视转变公共服务职能方面的工作。全民健身公共服务完全属于公共服务的内容范畴,因此这项工作的主导部门就是各级各地区政府的相应职能部门。政府的职能部门承担着提供公共服务的职责,其使命就是要运用其掌管的公共资源来为广大人民群众提供公共服务。在向"服务型政府"战略转型的过程中,各级各地区相关政府部门需要进一步强化"公共服务"的神圣职责与使命,坚决杜绝在履行提供公共服务职责过程中出现失位与错位抑或越位的现象。为此,在规划与实施向广大人民群众提供全民健身公共服务均等化过程中,必须以转化政府职能为基础,这是保障正确地运用公共资源提供全民健身公共服务最根本的也是最重要的条件。

其二,规划并确定服务内容与标准。全民健身公共服务体系规划与实施的均等化内涵在很大程度上指的是对实施过程中均等状态的一种描述,这种状态在实际工作过程中既不是脱离均等的客观存在,也不是一切完全大同,均等的状态是需要相应标准而进行衡量的结果。因此,建立全民健身公共服务内容与标准才是实现各级各地区政府向广大人民群众提供均等化服务的前提条件。在确定全民健身公共服务的内容和标准时,必须以广大人民群众所需要的公共服务为基础,并且还需要参照经济社会发展水平,通过科学调查与研究才可以确定相关的适应范围与合适的标准。各地区应制定并提出一系列全民健身服务体系深度完善的具体举措,充分考虑城市社区和农村差异化特征,规划设计相适应的全民健身体育活动、健身路径与创建小康体育村方法等。制定公共体育场馆设施逐步取消收费的操作时间表,对于社会单位体育场馆设施也同样需要制定逐步对外开放的进度工作时间表。规划各地区人均体育场地面积达到一个测评的数据,参与全民健身体育活动的人口与广大人民群众体质合格率达到一个符合国家相应健身计划的标准数据。上述一系列的规划与实施,必须纳入全民健身公共服务均等化相应的内容与标准之中。

其三,各级各地区政府相关部门需要统筹城乡区域发展平衡结构。目前,我国经济与社会发展进程中存在阶段性城乡与区域之间相对差异化的结构与相对不平衡的现象,这是我国规划与实施全民健身公共服务体系实现公共服务均等化所面临的主要问题。要想缩小城乡以及区域之间在全民健身公共服务方面的差距,就要根据各地区的实际情况,为相对发展滞后的区域提供政策与财政方面的支撑与扶持。政策性支持与扶持是基于城乡与各区域之间广大人民群众享有均等权利而非歧视性的行为。各地区城乡与区域之间的既有的行政区域划分是统一的,并非割裂的状态。各地区在规划与实施全民健身公共服务体系计划过程中,应采取协调操作模式而非偏袒模式。我国全民健身公共服务规划与实施均等化的操作方式,就是从根本上为各地区广大人民群众谋求均等的全民健身公共服务地位。各级各地区政府相关部门进行统筹城乡区域全民健身公共服务发展与促进的目的就是要为百姓营造均等的条件,使民众都享有共同的体育与健身的权利,而且还可以获得相应的体育健身成就与成果。因此均等化推广,不仅仅是实现了全民健身的发展,而且还将取得以健身体育为载体的民族大团结与融合的社会主义精神文明的丰硕成果。

其四,公共服务系统规划与实施机制的完善。规划与实施全民健身公共服务均等化,将成为一项惠及广大人民群众的重要举措。而且涉及的人群之广泛、地域之广阔、部门之众多、内容之丰富以及时间之长远,堪称一项超大型的系统化工程。不断优化与完善全民健身公共服务体系的均等化运行机制,将成为实现全民健身公共服务均等化战略目标的重要手段与措施。在推进全民健身公共服务均等化规划与实施过程中,最为核心的则是能够保障公共体育资源可以以均等的方式进行分配,对于推行公共资源均等化投入采取一系列措施,还要对公共资源均等化投入操作的实施结果进行有效评估。在构建服务均等化的进程中,进一步完善相应的运行机制,目的在于全民健身公共服务体系通过均等化运行以实现其应有的效率与效果。

四、全民健身公共服务体系理论的意义

(一)作为全民健身服务体系建设的理论支撑

全民健身作为一项巨大的工程,涉及全国的各大城市,全民公共服务体系的建设也是一项巨大的工程,需要在一定的理论支撑之下进行建设,

否则就会滋生乱象。全民健身公共服务体系理论为全民健身公共服务各项工作提供了理论上的支持,从理论层面上验证了全民健身公共服务的合理性和可行性;并且对实行全民健身公共服务各项工作进行了理论上的指导,论述了全民健身工作由谁来指导、有谁参与以及该如何进行。全民健身公共服务体系理论为全民健身公共服务的建设提供了一个大的框架,在此基础上国家和政府对于全民健身的服务进行建设,确保全民健身公共服务的各项工作严格按照其基本原理进行,确保全民健身的公共服务符合我国的基本国情以及我国人民的切实需求。

(二)指导建设全民健身公共服务体系

全民健身公共服务体系应该如何进行建设,应当遵循怎样的原则,这一切都需要理论的指导。

我国的服务型政府确定了全民健身公共服务要以为人民服务为原则,切实考虑广大人民的利益。这也是建设全民健身公共服务体系的理论基础,正是我国政府的服务职能决定了必须进行全民健身公共服务的建设,而且全民健身公共服务的建设必须是由政府作为主导的。而我国人民民主的国家性质决定了全民健身公共服务必须是由全体人民共同的参与才能够取得成功,这为全民健身各项工作的进行提供了原则上的参考。基本理论体系对全民健身的范围、对象进行了界定,确定了全民健身服务体系涉及各个部门的共同参与,需要各个部门的共同合作,共同完成全民健身公共服务的建设。

(三)为全民健身服务体系建设发展提供动力

全民健身公共服务体系理论不仅为全民健身公共服务提供了方向,同时也为全民健身公共服务的建设提供了动力。全民健身公共服务体系理论确定了全民健身公共服务的动力来源是全体人民,只有坚持为人民服务,切实维护公民的健身权利,得到人民的支持,全民健身才能够得到源源不断的动力。全民健身的另一动力来源是各个部门的共同发力,就是要在各个部门的共同发力之下,实现资源的共享和协调发展,只有这样才能够实现全民健身公共服务在各个领域的共同发展。全民健身公共服务体系在理论层面上分析了全民健身公共服务建设的动力来源,为全民健身公共服务提供了理论上的支持,有利于全民健身公共服务发掘潜在的动力来源,为全民健身活动的推行提供源源不断的理论支持。

五、全民健身公共服务体系理论的优化策略

(一)深化实践,不断完善系统理论

目前,全民健身公共服务体系理论存在的问题就是缺乏系统化的体系,究其原因就是经验不足、缺乏实践。实践是检验真理的唯一标准,同时在实践过程中也能不断丰富相关的理论知识。在全民健身公共服务的具体实践中,要积极地积累相关的经验,在实践中不断丰富和检验相关理论的内容。对于在具体实践中遇到的问题要及时做出总结,寻找解决方法,做好记录,完善理论系统的内容。除此之外,要建立系统化的理论体系,要坚持科学的方法论,坚持以科学的头脑组织相关理论体系的建设。将收集的相关理论通过专业的手段进行汇总,将这些理论进行归纳和融合,使之形成系统化的理论体系。要组织好全民健身公共服务基础理论的研究工作;及时研究相关的理论,将相关的理论进行整合,形成科学化、系统化、一体化的理论体系。制定统一的使用标准,建立起涉及全民健身公共服务方方面面的理论体系,并使这一体系渐趋成熟。

(二)学习先进经验,建立专业化团队

我国的全民健身公共服务理论体系建设目前比较大的问题就是缺乏先进的经验、缺少专业化团队的指导。由于这二者的缺乏导致我国的全民健身公共服务体系建设缺乏科学性和专业化的理论作为支撑。因此,要想做好全民健身公共服务体系理论体系的建设,首先就是要学习国外的先进经验。与我国相比较,西方发达国家全民健身运动的发起时间早,经过了较长时间的经验积累,有着明显的经验上的优势。我国应当从国外的全民健身公共服务体系基本理论中借鉴相关的先进经验,与我国的具体情况相结合,制定更加完善的理论体系。其次,就是政府应当组织一支专业化的团队,招募有关人才,由有关人才来参与相关理论的研讨。经过专业团队的专业指导,全民健身公共理论体系的建设将更加具有专业性。

(三)结合实际,使相关理论更加符合实际

要想解决全民健身公共服务基本理论存在的问题,一定要结合实际,使全民健身公共服务体系理论制定更加符合实际情况。首先是要坚持"区别化"对待,就是对于不同的情况制定不同的方案。这是由我国复杂的经济文化背景所决定的。排在首位的就是城乡之间的差异,相对来说,由于城市经济较为发达,各方面建设的完成程度都比较高,因此在城市全民健身公共服务的建设阻力相对来说较小。但是在广大农村地区,由于各个方面的建设都比较落后,经济水平、人民的生活水平和文化水平都比较低,推行全民健身服务体系在农村地区的建设需要更为强大的理论支撑,仅仅靠简单的政策支持是远远不够的,还需要更加贴合我国农村实际的理论支撑全民健身公共服务的推行。其次,我国是一个多民族的国家,少数民族数量众多,很多普遍的关于全民公共服务体系的基本理论对于少数民族地区来说并不适用。因此,还要结合少数民族的具体实际来进行相关的理论制定,总结出符合少数民族具体情况的全民健身公共服务的基本理论。

六、全民健身公共服务体系理论的应用原则

第一,在做好社会服务体系建设的同时做好个人的服务。全民健身活动不仅是一项面向全社会的方针政策,更是为了提高公民个人身体素质,改善国民健康水平。因此,在全民健身公共服务体系的建设之中,不仅要考虑到社会效益,更要体现人文关怀,坚持以人为本的原则。在全民健身公共服务的推行之中要切实考虑到公民的个性化问题。首先是青少年的服务问题。青少年是祖国的未来,全民健身公共服务的重点关注对象应当放在青少年的身上。这就要求加强公共服务在学校中的建设,在学校设立站点,帮助并引导学生进行体育锻炼。加强对于体育老师的培训,以期更好地教授学生体育知识。其次是老年人的服务问题。老年人作为弱势群体,应当给予照顾,需要专业的指导,避免不正确的锻炼给身体造成的伤害。在全民健身公共服务的建设中,要以人为本,只有做好个人的服务,才能取得良好的社会效益。

第二,全民健身公共服务要以提高国民素质为目标。全民健身公共服务的最终目标就是提高我国的国民素质。身体素质是国民素质的重要内容。根据相关研究显示,目前我国冠心病、高血压等慢性疾病的发病率显著提高,究其原因就是国民的身体素质有待提高。提高国民素质既是全民健身公共服务的目标,也是全民健身公共服务存在的意义。因此,在构建全民健身公共服务体系的过程中应围绕提高国民身体素质来进行公共服务的建设。在服务体系中,要注重提升公民身体素质,制定出针对我国国民体质情况的服务体系。

第三,加强政府服务职能,建立为人民服务的服务体系。在全民健身公共服务的建设之中,要进一步强化服务型政府的建设,加强政府的服务职能,始终坚持为人民服务的原则,切实维护人民的利益。政府要做好服务,通过优惠的政策支持我国公民参与全民健身的相关活动,为群众提供更加优质的服务。要切实考虑人民的健身需要,在人群聚集地区做好健身基础设施的设置工作,确保群众能够就近享受到全民健身带来的服务。除此之外,还要在社区和各个街道设立专门的咨询和服务机构,为群众提供有效的服务,并指派专业人员为群众的健身活动提供专业化的指导,加强知识宣传,确保每一位群众都能够享受到政府的服务。

第四,建立国际化服务体系,提高国际竞争力。对外开放是发展的快速途径,因此,推动我国全民健身公共服务的对外开放,制定国际化的服务体系,提高我国的国际竞争力是全民健身活动发展的必然趋势之一。要想实现我国全民健身公共服务体系的国际化,首先要设立国际化的标准,要使我国的全民健身公共服务与国际接轨。这就要求进一步制定更高的全民健身公共服务标准,提高全民健身公共服务的服务能力,从而推动我国全民健身的发展,使我国的全民健身活动站上国际化的舞台,提高我国的国际竞争力。

第五,顺应社会发展趋势,不断创新服务体系。创新是发展的动力,要想推动我国全民健身公共服务不断发展,那么在全民健身服务体系建设的过程中就要不断创新服务体系,紧跟时代发展的步伐,要在时代的发展之中抓住时代发展的趋势,根据不断变化的趋势做出调整。首先是体制的创新,要根据我国居民的当下需求以及群众的生活方式对于全民健身公共服务的体制做出调整,根据人民发展需求进行创新。其次是内容创新,要根据不断发展的社会现状和群众提出的多样化需求及时对全民健身公共服务体系做出内容上的创新,确保公共服务切实为人民服务。最后是方式的创新,要根据社会的需求和当前科技的发展对全民健身服务体系进行创新,运用先进的科技成果优化公共服务的服务方式。

七、全民健身公共服务体系理论未来的发展趋势

第一,将更加现代化,更加符合时代发展的要求。当今社会是飞速发展的社会,全民健身公共服务的基本理论必然将会随着现代化的不断发展而发展,其内容将会更加现代化,更加符合时代发展的要求。在未来的发展过程中,全民健身公共服务体系理论将会吸纳更多最新的研究成果和理论成果,丰富自身的内容,使其相关理论更加符合现代化的要求。

第二,将更加以人为本,切实考虑到人文关怀。随着社会的发展,我国的民主水平将进一步得到提高。在未来的全民健身基本理论之中,人民的地位将更加突出,以人为本的观念将更多体现在全民健身的公共服务体系之中。因此,在未来全民健身公共服务中的人文关怀将更加突出,人文关怀的真正含义是人性关怀,对人精神方面的重视,对人的尊重等。人文关怀的核心在于肯定人性和人的价值,要求人的个性解放和自由平等,尊重人的理性思考,关怀人的精神生活等。在思想政治工作中,人文关怀是指尊重人的主体地位和个性差异,关心人丰富多样的个体需求,激发人的主动性、积极性、创造性,促进人的自由全面发展。而我国未来的全民健身公共服务必将使人文关怀精神进一步得到发扬,提倡发扬国际人文关怀的精神,使得我国的全民健身活动更加符合国际化标准。

第三,将更加科学、更加完善。随着科技的发展,最新的科学成果和技术将被运用到全民健身公共服务的基本理论之中。而随着科技的推动,全民健身的公共服务建设将更加成熟,其理论也将会更加完善。

八、全民健身公共服务平台发展现状与优化建设

(一)全民健身公共服务平台发展现状

21世纪以来,人民在追求物质生活的同时,也对精神生活有了较高的追求。因此,全民健身运动在中国很快得到了普及,带有很强的公众参与性。全民健身活动是体育活动中最重要的构成,无论是内容上还是性质上都十分符合体育的要求。2017年颁布的《中华人民共和国全民健身条例》(以下简称《条例》)适应了人民日益增长的体育文化需求,同时还贯彻落实了"以人为本"的发展理念。此外,《条例》还促进了全民健身运动的发展,推动了全民健身运动的技术改革。深入开展,广泛运用各种全民健身运动资源,为群众健身的服务提供保障,在这一系列活动进行的过程中,反映出来的是政府对全民健身运动的关注程度,对人民健康的扶持水平。此外,政府全民健身服务网站的信息量大,涵盖内容广,涉及领域多,受到了许多年轻人的青睐。但是美中不足的是,政府对于这些全民健身资源没有进行合理的配置,使得一些资源没有得到合理的利用和发挥作用,信息获取不对称,降低了人民对于健身运动知识的了解,从而降低了效果。因此,保障全民健身知识的有效利用和充分供给是现阶段政府需要做的工作。

从需求和供给这方面来探讨问题,公共的需求包括对健身活动的需求、对健身场地的需求、对健身器材的需求、对健身资源的需求、对健身安全的需求等一些相关的服务和需求。从信息的内容和对信息的需求进行分析,通过研究分析可以发现,用户对于健身赛事的活动类型、活动器材、活动场地等方面的内容比较关注,同时对健身本身也有着他们自己很独特的想法和兴趣。人们除了对一些健身活动知识有着非常浓厚的兴趣外,对一些健身养生知识、体育赛事知识也相当关注,他们喜欢去深入了解这些话题,并将这些话题和自己的生活结合起来。而与之相关的场地等一些基础设施的相关内容也成了人们讨论的焦点,尤其是对于体育相关基础设施的安全性,一些质量检验部门也对这方面加强了重视。

(二)全民健身公共服务平台优化建设

信息服务要从多方面去考虑,由于不同级别的城市信息服务的水平不同,并且用户需求行为也影响着信息服务,人民对于信息的需求是从总体需求出发,它包括用户已经掌握的信息,以及还没有了解的信息,对于已经知晓的信息用户不用过于关注,重点是如何获取尚未了解的需求信息,只有这样才能够把握用户需求行为。构建信息服务平台一方面能够节约供给服务的成本,另一方面可以让用户更加满意,提高体育部门对其他公共基础服务的水平。当前,全民健身信息服务供给存在一定的问题,主要是提供哪些服务信息给群众,并且到底需要提供多少,这就需要深入了解用户的需求及体验,使得供求和需求有机结合起来。通过查阅相关文献资料,主要包括以下三个方面功能建设的策略:

第一,提高全民健身赛事活动信息的供给效率。通过分析当前国内的全民健身公共服务平台,体育活动信息的安排并没有独立列出来,而是穿插在不同的信息之中,并且一些全民健身公共服务平台上的信息内容并不完善。这样并不会引起群众的重视,容易被忽略掉,所以,服务平台在对赛事项目进行分类的时候,应该从赛事热点或者月份入手,并在每一篇简讯上注明大体内容;要保障信息的时效性,利用站外链接,对需求分布提供相应的信息服务,这样一方面可以提供准确全面的信息服务,另一方面可以降低页面内容繁杂的程度。

第二,不断地完善全民健身场地设施信息。健身场地设施信息和全民健身运动组织开展之间有着不可分割的联系。生活服务和出行服务主要依赖的是地图的基础数据库资源。通过浏览 GIS,首先对用户所需全民健身场地设施信息进行大体了解,然后对其整合和叠加,让用户对体育健身场地做出判断,了解场地的分布情况和具体位置,当然包括平面的和立体的构图。此外,借助地图的缩小和放大功能对周边环境进行了解,为用户提供周到舒适的服务体验,满足不同群体的多样化需求。虽然有一部分健身公共信息服务平台拥有较为全面的地图信息,但是,这些平台依旧存在很多问题,如对场地的检索标识方式不完善,大部分的索引是通过热门程度来进行推荐的,缺少进一步对场地信息的筛选,包括消费水平以及距离的远近程度等。所以,进一步完善场馆的检索功能,还应该对用户信息进行细致的筛选。事实上,大多数场馆的信息并不完善,甚至有的场地信息内容与现实情况不相符,存在欺骗消费者的现象。因此,工作人员应该加大对健身场地设施信息审核的力度,并建立一个信息反馈平台,及时了解用户的反馈情况,这样对体育基础设施场地进行全方位多层次的定位,让全民健身信息用户监督,维持信息市场的良好环境。除此之外,还应该加强全民健身场地设施信息与手机等电子设备的关联,这样就可以让用户及时有效地接收到其他用户的用后体验,拉近人与信息、场地之间的距离,真正为用户提供便利,促进全民健身服务的发展。第三,传播科学、有效的全民健身知识服务信息。目前,人们对于健身运动还存在一定的误区,主要是由于缺乏相关的科学健身常识,还有的健身观念比较落后。通过对健身知识服务信息的了解、全民健身网站对健康知识的宣传和推广,人们对于健身知识的掌握逐步提升。全民健身公共信息服务要提供全面、准确有效的健身知识,如各种大众科学的健康教育知识,还需要结合群众的健身需求,安排报刊的编辑人员为大众提供个性化的服务。可以每周定期开展专栏文章,并且做到每篇文章附加个性化的标签,为不同健身群体提供阅览方便,对信息进行整理、归纳和总结,激发人们对健身这一大众活动的兴趣。全民健身知识在一定程度上反映着全民健身运动的效果,而这种知识涵盖着社会生活的各个领域,如果能为用户提供科学、有效的健身知识,保证其权威性,这样势必会提高信息服务的效率。因此,在整理全民健身知识信息时,要认真对信息进行审核,明确不同信息的来源,保障信息来源的准确性,从而提高网站的科学严谨程度。

从综合的角度出发,必须保证全民健身公共服务网站信息的利用性和共享性。从效益的角度来考虑,要尽可能地保证体育信息服务资源获得最大的经济效益,减少不必要的信息消耗,充分发挥信息资源的利用价值。从市场及管理机制出发,应该合理平衡供求的关系,明确不同网络信息资源的规律和特点,协调均衡资源配置,建立起全国性信息服务网络,同时,还需要增加与不同国家资源信息交流的机会,实现网络信息的共享,完善相应的体系。从人文角度考虑,对信息资源的结构和布局进行创新和优化,保证信息的时效性,还要完善信息来源的途径,使全民健身公共服务网络信息能够及时、准确、有效地传递给大众。

九、我国全民健身公共服务整体性治理工作

在我国全面深化改革的初始阶段,社会转型面临诸多的社会问题,最终形成了推动国家治理体系和治理能力现代化的总目标,而这一总目标的提出一方面将全民健身公共服务确立为国家战略,为我国发展体育改革提供新方向、新定位;另一方面,不可避免的问题也显现出来,如公共服务中的供给能力不平均、供给需求碎片化、整体服务水平低等。针对这一系列问题,应形成理论联系实际的创新性研究,即以学习西方国家全民健身公共服务整体性治理理论为基础,结合我国全民健身公共服务的实际状况,对我国现有服务中的供给主体、政府决策以及公共服务水平进行深入研究,最终达到解决问题的目的。

(一)全民健身公共服务的整体性治理理论

整体性治理理论最早是针对碎片化问题而提出的,它是将政府和社会有机结合形成了创新型治理理论机制,并变革了部门间原有的合作模式,形成了跨界合作的新模式。目前,我国全民健身公共服务运用整体性理论,从原来的以政府主体为主的单一供给模式逐步转变为同社会各界共同合作的模式,在这一理论下的公共服务中,内容更加多元化,跨界性等特征更为显著。由于原本经验的缺失与不足,各界供给者之间的特性与职能在实践中出现重复、冗杂、内容模糊等现象,使得全民健身公共服务水平有所下降,因此以整体性治理理论为切入点,以重点解决以上问题为主,在创新性的视角上去进行我国全民健身公共服务的探究。

整体性治理理论指的是把公民需求作为最根本的保障,借助网络技术手段,充分发挥责任治理机制的作用,对政府主体管理机构协调性差、工作效率低下、公共服务碎片化、各界功能重复混乱等问题进行针对性处

理和整合,最终使其成为具有有序性、集中性、整体性、科学性以及有效性的公共治理模式。整体性治理理论提出的目标在于运用信息技术对各部门功能进行整合与协调,使得各部门在跨界协作中相互融洽以完成统一的目标。

全民健身计划这一重要举措在于提高我国国民的身体素质水平,并进一步达到满足国民精神物质文化需求、丰富社会生活、提高全民体质保障的要求。而公共服务则是政府和各界组织以满足国民需求为导向,以满足各类社会活动需求为宗旨,以提供无偿或低价的公共物品和服务为举措的行为方式。因此,全民健身公共服务既可以保障国民健身利益和健身计划目标的实施,又可以使国民参与体育健身的权益得以实现,形成政府行政部门导向,依照法定权责,运用各种方式方法使得社会资源得以整合,从而提供形式各异的公共服务。政府各种部门、民间非营利和营利性的体育社会组织均为全民健身公共服务的供给者,它们之间的跨界协作和相互作用也就构成了一个完整的全民健身的公共服务体系。然而在体系发展的过程中,因各界供给者之间特性与职能的不同,出现职责重复、冗杂、内容模糊等现象,使得全民健身公共服务水平有所下降,导致多种体系建设供给无效和供给不足,使得碎片化问题愈演愈热。

整体性治理理论是解决全民健身公共服务体系供给碎片化问题的有力依据,不断发展的高科技催生下的信息技术产物是解决供给者间信息管理系统协同一致的有力工具,在这两者的影响下整体性治理理论已趋向成熟,由无序到有序,由分散到整体地为社会各界提供服务需求。在服务理念发展之下,社会各界相关部门形式和模式上基本达到解决公共服务供给碎片化问题的水平,但其本质的发展还未成熟,依旧与政府与时俱进的政策实施相背离,只有政府自营已经不再适应时代的发展,而这一弊端带来的影响已在社会各领域凸显,这为解决公共服务体系供给碎片化问题敲响警钟,更加需要政府与社会组织联合的力量来承担职责应对问题,促进提升全民健身公共服务的质量。

(二)全民健身公共服务整体性治理施行措施

自推动我国全民健身公共服务以来,社会形势日益严峻,同时面临着人民群众日益增长的物质精神需求与当前水平不匹配的矛盾,政府和社会体育组织中的供给碎片化问题亟待处理。从整体性治理理论出发,把公民需求作为根本,利用信息技术的手段,采用责任治理机制,为全民健身公共服务中出现的问题提出了有效的措施。

1. 整合全民健身公共服务供给主体,以形成协同供给机制

政府不仅是社会资源的管理者,同时也是全民健身服务的提供者。在全民健身公共服务体系中,首先要充分发挥政府部门的领导作用,协调好各层级与各部门之间的协作关系,也就是以"横向部门与纵向政府结合,合作与协调相适应"为特点的行政模式,其横向部门整合表现在以提升政府工作效率水平为根本,对职责重复、浪费资源部门进行的调整与拆合。其次,提升社会体育组织的供给能力。由于存在多数以民政结合为特点的社会体育组织,并在一定程度上阻碍了社会化的原本发展,并使得全民健身公共服务的社会供给发展受到限制和制约,因此需要对其进行改革,以增强社会体育组织在全国建设的力量。从社会体育组织内部进行改革,去除原有依靠政府的模式,做到以国民需求为导向,全面提升社会体育组织内部的管理水平与发展能力,增强全民健身公共服务的科学性发展能力。此外,社会体育组织还应从人才资源方面入手,组织员工定期进行专业培训与学习,促进公共服务体系人才的建设,实现服务人员与管理人员间的双高业务能力,从而确保供需平衡。

政府与社会体育组织的碎片化问题得以解决后,将增强政府、企业、社会三者之间的共同协调与合作供应能力,并形成一个高效的公共服务供给模式。以信息技术为治理手段,广泛运用在全民健身公共服务的信息传递渠道。构建一个共享全民健身公共服务的数据库以反映出具体量化的信息结果,实现政府与社会组织之间的信息共享,达到规范供给服务规模数量的目的,并提供高效的供给。此外,政府可以通过从社会体育组织中购买公共体育服务带来资源上的共享以及达成两者的互补关系,以

形成政府与社会共同协作的供需平衡机制。

2. 以信息化供给拓宽公众决策渠道,引导公众积极参与

政府需要建立起网络化的居民体育健身需求表达机制,将全民健身公共服务的信息公开给群众,实现信息的相互交流,然后共享给其他社会群体,这样不仅可以把信息直接传递给群众,而且还可以监听和采集群众对于健身活动的意见,最终为健身网络信息平台当中存在的问题提供改进办法。政府需要积极利用网络平台进行宣传,如微信、微博等,激励并刺激群众主动地对全民健身进行监督,可以采取领导邮箱、问卷调查、网上听证、建议留言等方式。此外,政府需要对群众的网络健身信息进行必要的回应,通过不同的方式对群众的意见进行及时的接收和处理。网络信息平台,有效地完善了我国全民健身网络平台,为大众投入到体育活动中提供了有力的保障。此外,完善全民健身公共服务的信息管理机制有多种途径,其中最主要的是信息公开体系和公众需求科学识别体系。在这一平台中,加入信息处理的模式,构建完善的群众综合评价体系,有利于准确地分析群众的体育需求,并对其进行科学的定位,为公共服务的决策提供基础。最后,根据相关的制度体系对公共服务信息的渠道和方式进行规范管理,建立起相应的接收和反馈信息的平台,保证信息的科学性,推进网络信息的普及和推广。

十、全民健身公共服务体系法律规划

各级各地区政府相关部门旨在保障广大人民群众基本的体育锻炼活动的权利,满足日益增长的对体育服务的需求,投资兴建的公共体育场所、设施,健全与不断完善全民健身公共服务体系的法规、政策、制度规划与建设,使得我国广大人民群众的健身公共服务体系在建设、管理过程中做到有法可依、执法必严、违法必究,确保广大人民群众所享有的健身公共服务体系健康与有序地发展并为全民健身提供优质服务。

(一)构建全民健身公共服务法治体系的必要性

全民健身公共服务体系主要由价值定位、法律依据、运行保障、权力

监督、评估反馈和行业自治六个方面组成。在价值定位层面,将全民健身公共服务体系作为人们追求幸福、享受快乐生活、增进健康生活方式、培育全民健身的社会氛围和法治环境的一种保障与服务。在法律依据层面,以加强群众健身的宪法保障为前提,把全民健身国家战略用法律形式确定下来,使全民健身的主体、活动和行为都有法律保障,通过行政法规、地方性法规和政府规章制度落实全民健身的法律规定,利用政策融合政府、社会和市场资源,形成合力,发展全民健身。在运行保障层面,在体育组织、场地、经费、活动等方面合理配置资源,创造条件有效推动全民健身公共服务体系的发展。在权力监督层面,明确全民健身公共服务体系建设与管理清单,规范权力行使范围,限制权力行使的裁量权界定,实行重大项目行政决策合法性审查机制和责任追究机制,建立行政监督、司法监督、监察委监督和社会监督一体化的权力运行监督体系。在评估反馈层面,通过全民健身活动状况调查,贯彻实施检查等机制,综合调查结果,向上一级部门及时、准确、完整地反馈调查结果,切实加强全民健身公共服务建设与实施管理政策法规执行效果评估,发挥评估反馈作用。在行业自律自治层面,尊重体育的特殊性,发挥体育的社会组织功能,加强体育志愿者队伍建设,形成职业体育反哺群众体育的机制,利用社会和行业的力量全面推动全民健身公共服务的国家发展战略。

(二)建立健全全民健身公共服务体系法治环境

首先,创造服务于全民健身公共服务体系健身的法治环境,一方面可以实现政府部门实施国家相关全民健身公共服务方面的发展计划,并在调动技术、人才与资金方面发挥作用,使得政令畅通、实施效率提高;另一方面,有利于依照法律法规以规范全民健身公共服务体系建设管理过程中的问责权利,构建领导统一且协作成长的和谐发展势头;同时还可以监督服务于广大人民群众健身体育活动过程中的公共服务设施、场地以及综合性体系建设,对管理阶段出现的差错予以纠偏、纠错。

其次,法律法规与政策都存在实施推行的条件与环境,为此,应与时俱进地不断提高服务于广大人民群众健身活动的公共服务体系建设与管理的法律与政策性工作的水准。这对于服务于广大人民群众健身活动的公共服务的建设与管理,具有重大的历史意义与现实意义。在确保服务于广大人民群众健身活动运作系统的规划、实施与管理过程中的制度体系、法律体系与配套政策推行时效性的同时,还要确保全民健身公共服务体系建设与管理相关的法律法规与政策的可实施性。只有确保落地实施,才能使相关的制度保障、法律保障以及政策保障在全民健身体育活动的公众服务系统规划、实施与运作管理过程中发挥监督与规范作用。

与此同时,还必须注意到,各地区由于实际情况与条件不同,在上级政府下达相关全民健身公共服务体系建设与管理的文件指示后,各地区政府机关需要根据本地区的实际条件与具体情况研究并设计出台具有针对性的解决方法与措施。

(三)完善配套法律法规政策并做好推广与宣传活动

我国的体育法仍在不断完善过程中,当进入全民健身活动成为国家战略的时代,那么全民健身条例配套出台一系列相关法律法规已成为当务之急。为此,今后将逐步强化服务于广大人民群众健身体育锻炼活动的公共系统规划、实施与管理过程中的制度体系、法律体系以及政策体系,以保障在服务于广大人民群众健身体育锻炼的系统运作过程中更加精准地依法依规实施操作。在进一步建立健全有关服务于广大人民群众健身体育锻炼活动的运作系统所配套的制度系统、法律系统与政策系统基础上,加强对百姓健身体育锻炼公共服务共享系统相关的制度、法律以及政策的普及与推广宣传显得尤为重要。目前,广大人民群众对于全民健身活动均有着比较深刻的认知,但是对于全民健身公共服务体系建设与管理的认识并不全面,对服务于广大人民群众健身体育锻炼活动共享系统的运作管理过程中的法律、制度与政策的认知就更加缺乏了。总而言之,强化关于全民健身公共服务体系建设与管理的法律法规与政策的普及宣传成为今后完善全民健身公共服务体系建设与管理的关键问题之一。

(四)建立健全全民健身公共服务体系监督评估机制

在不断完善与发展服务于广大人民群众健身体育锻炼活动的共享系统规范过程中,应建立对应的监督机制,以评估健身体育锻炼共享服务体系相关的制度、法律与政策系统是否得当与完备。建立健全政策与法规的评估监督机制为相关政策法规内涵、方向与标准符合立法立规立策的要求提供了保障,同时,还能够衡量服务于广大人民群众健身体育锻炼活动共享系统规划、实施与管理相应的制度、法律与政策系统是否科学、是否切合实际以及在实施过程中与实施以后成效如何。

在建立健全全民健身公共服务体系建设与管理评估、监督与检验机制时,应聚焦几个方面:其一,评估需要具备全面的功能,不可以偏概全,并且评估既要深入又要全面。评估与检验要覆盖整体政策、法律法规与制度的制定、执行与监控等全流程。其二,层层监督,层层检验,对应相应管理主体,不可错位操作。其三,发挥现代信息技术优势,建立即时反馈与汇报制度,不可延时报告。其四,整合社会各方面专家资源,构建专职评测监督检验工作小组,确保督导监测检验工作制度化、常态化与流程化。

综上所述,只有强化监督评估机制才能够使服务于广大人民群众健身体育锻炼活动的共享系统真正落到实处,要真正推进服务于广大人民群众健身体育锻炼的共享系统,发挥其应有的价值与作用。为此,在对全民健身公共服务体系建设与管理法律法规与政策体系进行监督与检验的过程中,还应该在培训、组织、宣传与制度化建设方面,以及督查督办的实际操作过程中做到以点带面,不断总结,不断改进,逐一落实,行之有效、锲而不舍地常抓到底。

第七章 全民健身服务实践体系构建路径

全民健身是一项系统而宏大的工程,需要组织大量人力投入到多项工作之中,包括体质监测、组织管理、指导等。本章的研究主题是全民健身服务实践体系构建路径,具体从体质监测体系、目标体系、组织与管理体系和指导体系这四方面来展开。

第一节 全民健身体质监测体系建设

一、全民健身体质监测概况

为了系统了解国民体质状况,通常会定期开展国民体质监测,根据预先制定的相关监测指标,以抽样调查的方式选取对象,在一定范围内对监测对象进行集体测试,测试结束后对数据进行分析和研究。通过体质监测,各级政府部门能系统了解本地区国民的体质状况、健康水平、体育人口以及总体趋势,这对本地区制定相关政策和法规,体育发展提供依据。群众根据科学的测量结果可以了解本地居民的健康水平,为自己的锻炼健身提供参考。

2000 年,我国进行第一次全国国民体质监测;这次监测的目的是通过对国民进行体质测试;建立覆盖全国的体质监测系统和数据库,统计与分析数据,公布监测结果,以掌握国民体质水平和发展趋势,为长期观测我国国民体质水平奠定基础,为国家经济建设和社会发展服务。监测对象是 3—69 周岁的国民;按年龄分组分为幼儿、儿童青少年、成年、老年四个群体,以分层随机整群抽样确定样本。各省、市、自治区总样本量为

7100 人,全国总量超过 20 万人。2005 年,我国进行第二次国民体质监测。这次监测工作中,监测范围更广泛,保证采集数据更有质量,培养出一批关于体质监测的专业技术人员。本次监测涵盖全国 31 个省、市、自治区,每个省、市、自治区的平均样本量为 7200 人。

2010 年,我国进行第三次国民体质监测。这次监测的目标是充实并完善国民体质监测系统和数据库,了解国民体质现状及变化趋势,进行测试、评价与指导,并为测试群众提供运动健身处方,为全民健身计划实施和国民体质发展提供科学依据。

2014 年,我国进行了第四次国民体质监测。本次监测的指标主要包含身体形态、身体机能和身体素质三个方面。全国 31 个省、市、自治区的2904 个机关单位、企事业、学校、幼儿园、行政村中共有 531849 人参与了测试,其中,3—6 岁幼儿 50702 人;7—19 岁儿童青少年 308725 人;20—59 岁成年人 146703 人;60—69 岁老年人 25719 人。

二、全民健身体质监测体系的建设

(一)加强宣传,提高认识

长期以来,我国国民普遍对体质测试不够重视,关注度较低。各级部门要充分利用媒体资源,利用板报、专栏等形式,加大体质监测工作的宣传力度,使人民充分认识和了解体质监测的意义和作用,积极配合并认真投入到体质测试中,真正发挥体质监测在全民健身中的作用。在宣传工作中要充分利用节假日或设立"科普周"进行宣传;在官方网站中设立"体质测量""健康指导"等栏目,普及体质测试的知识;设立流动监测站,免费为群众进行体质监测;开设运动处方,以实际行动来宣传体质监测工作。此外,政府部门、社会体育机构、高等院校、中小学、企业、公司也要协助配合,群众的支持与配合是体质监测工作成功进行的保障。

(二)完善管理体制和法规体系

现行的国民体质监测分三级管理,即国家级、省(市、自治区)级和地市级。国家级的部门为国家国民体质监测中心,主要负责编写培训教材、培训各省、市、自治区监测工作骨干人员;各省(市、自治区)国民体质监测中心负责培训和管理监测人员,并指导本省各市(区、县、旗、自治州)监测人员的培训和管理。各管理部门在保持工作的同时,还应将监测机构对外开放,向单位、个人提供体质测评、健康咨询、健身处方等服务,将完成国家任务和服务人民群众结合起来,将义务监测和有偿服务相结合。在国民体质监测和测定人员培训和管理过程中要制定相应的政策,确定培训课程内容和考核标准。全国各监测机构要从目标入手,制定符合实际情况的国民体质监测和测定人员的发展目标,紧接着根据目标的需求,制定相应的规章制度,如国民体质测定工作规定、国民体质监测和测定人员的培训制度、等级制度等,进一步加强国民体质检测的工作效率。

(三)建立科学统一的监测方案和评价标准

(1)国民体质监测方案和评价标准要标准统一。国民体质监测指标体系方面既要体现出各年龄段人群的体质特点,又要反映出人在各阶段的生长、发育和衰老过程的变化规律,所以测量指标尽量一致,保证各年龄群体测试指标及评价方法具有连续性和系统性。

(2)目前我国已出台了包括儿童、学生、成年人、老年人的体质测试方案及评价标准,学生群体的体质监测由教育部负责,而其他群体的体质监测则由国家体育总局负责,实施部门不同,导致学生体质测试内容及评价方法与其他群体间失去了连续性与系统性,这给国民体质的系统研究造成很大的困难。因此,要注意保持测量指标的一致性,保证各群体测试指标及评价方法的连续性和系统性;此外,还要研究和开发智能化的电子测试仪器,建立国民体质监测数据网络体系,使国民体质监测规范化、科学化、具体化。

(四)提高体质监测人员的水平

(1)为提高体质监测工作,使监测人员工作起来更有效率,应编写全新《国民体质监测和测定人员培训大纲》,在基础理论部分增加保健、康复及管理等方面的知识,包括健康管理概论、健康与体质、亚健康、高龄社会、成年人慢性病的体育干预、急救知识、体力测定与评价、营养与体重调节、体育保健、运动处方、人体运动能力的生理基础和提高运动能力的方法、体育锻炼的科学安排、体育锻炼效果的评价、肥胖与保健等内容。[①]在实际操作能力的培养上，按照指标、仪器、测试人员三固定的原则来安排，主要内容包括工作方案、检测方法、质量控制方法、器材使用方法等，根据监测工作要求进行技术培训，考试合格者才能上岗工作。

（2）培训方式要灵活多样。各监测机构应结合所在地区的实际情况，确定培训时间，保证培训学时，不能搞"速成班"；建立以学员为主体，以解决问题为核心的培训模式；运用信息和多媒体技术，对培训内容进行拓展；培训讲师将授课重点制作成幻灯片刻成光盘，供学员自学。

（3）对社会体育指导员进行体质监测培训。社会体育指导员具有丰富的体育专业知识，更容易学习和掌握体质监测的理论和技术。所以通过对体育指导员进行体质监测内容的培训，可以让他们在国家体质监测任务繁重、人手不足时帮忙进行测试。

（4）充分动员社会力量对国民体质监测工作予以支持。充分发挥和利用高等院校的管理、教学、科研、人力、场地等方面的资源，采用自愿和选修的形式，组织在校生直接参与体质监测和全民健身的指导服务的培训和实践工作。

（五）优化和改善测试仪器、场地的数量和质量状况

（1）精密、准确的测试器材是监测数据准确的保证，是体质监测得以顺利进行的物质基础。目前，我国已开始使用用于成年人体质标准化测试的智能化电子测试仪器。但是，自动化、智能化的器材由于成本较高，存在相关指标不够准确等缺陷，所以无法保证仪器在测试中不发生问题。

（2）面对国内诸多体测仪器生产厂家，针对各厂家的产品，经讨论比较后选择设计先进、质量过硬的测评器材，使所有企业产品在国民体质监测工作中接受"考察"，不赞成使用固定厂家的全部产品。

（3）各个监测站所用的监测仪器必须经过国家体育总局器材委员会

---

① 张铭.国民体质监测与测定工作人员培训和管理的研究[J].辽宁体育科技,2009(5):12.

审定通过,由各省体育局根据各测试项目的特点统一配备,使每个监测站在单位时间内提高测试效率,完成更多的测试任务。

(4)体质监测站的测试仪器包括但不限于:身高体重、肺活量、握力、选择反应时、闭眼单立、俯卧撑、座位体前屈、纵跳、仰卧起坐、台阶试验等测试仪器,电脑、打印机等辅助设备,办公用品等其他设施。体质监测站要做到便于市民出行,环境舒适,面积较大。

(六)规范体质监测现场测试管理

全民健身体质监测是一项系统工程,操作起来十分复杂、繁重。现场体质测试是获取准确监测数据的重要途径,因此要做到科学、安全、合理,因为监测质量决定了国民体质监测公报的准确性。因此,要确保现场测试工作规范化、流程化、科学化,在国民体质监测现场测试的机构设置、计划制定、人员配备、组织实施、效果评估等环节中加强管理,确保监测工作顺利完成。通过查阅资料与总结,本书为国民体质监测现场测试工作提供了一种可行的模式,下面进行阐述。

(1)确定组织机构及职责分工。成立由体育局官员、监测机构领导、监测人员干部组成的体质监测工作领导小组,负责监测计划的制订,执行工作的监督和意外事件的处理。体育局的相关工作人员负责协调检测机构与监测人员的关系,地方体育部门主要负责检查测试条件,安排测试规划,组织受试人员。监测队员的角色分别为队长、质量检验员、卡片保管员、监测员、医务人员,全部人员都需经培训合格后才可上岗。

(2)制订现场测试计划。第一,确定受测对象的总人数;对其进行编组;第二,安排好测试时间、地点,布置场地;第三,对监测人员进行分工,结合监测机构的实际情况,确定测试流程;第四,监测队长与质检员进行二次检验,对现场进行巡查,负责协调工作;第五,测试过程中被测人员有可能出现不适等意外情况,医务人员要做好准备。

(3)组织实施。第一;开始前队长应检查测试场地,明确场地设备方案;第二,将被测者按性别、年龄进行分组,发布分组名单并附上测试时间;第三,测试人员严格按照监测要求实施测试,不得擅自更改测试内容与方法;第四,在测试过程中,队长进行巡查和指导;第五,卡片保管员按规定条款收取测试卡,如发现数据短缺或错误应令测试者补测或重测;第六,测试结束后,整理仪器,核对装箱,将数据记录保存。

(4)效果评估。测试工作圆满结束后,负责测试工作的领导小组与所有成员对整体工作情况进行汇报和总结,对计划执行情况、测试进度、测试质量等方面进行评价。队长与质检员检查数据,计算测试误差,对于其中的问题制订出解决方案并实施。

第二节　全民健身目标体系建设

一、全民健身目标体系的解读

目标体系的建立离不开管理者的参与,离不开执行者付出艰辛的努力。全民健身服务实践体系中,每个单元都必须有具体的、可测度的目标,这些目标必须对完成全民健身服务实践任务具有实际意义。我国推行全民健身的目的是提高全国人民的身体素质。因此,在构建全民健身服务实践体系必须反对形式主义,反对注重场面,忽视实际效果的做法,目光要长远。"亲民、便民、利民"是建设全民健身目标体系的原则,在此指导下,全民健身目标体系包含了场地设施、组织、活动、技术指导、管理服务这五个子系统目标。在某种意义上来讲,全民健身目标体系要由诸多子系统体系来建设,即场地设施系统、组织管理系统、群体社团系统、骨干队伍系统、体质监测系统、资金投入系统、活动竞赛系统、健身方法系统、评估检查系统、政策法规系统、表彰奖励系统、科学研究系统、舆论宣传系统、信息网络系统。

在全民健身目标体系中,始终要贯彻"以人为本"的思想,把满足人民群众众的健身需求摆在首位。然而,结合我国经济发展状况,无论是体育发展水平、体育资源拥有量,还是体育人口:人均体育场地和体育产业消费,都存在一个非常直观的问题就是城市与农村体育发展极不平衡,经济发达地区与落后地区发展差异巨大。因此,立足于我国国情,建设群众方便、服务配套的运动场地;深入群众,长期开展丰富多样的健身活动;从实际出发,培养全民健身技术指导队伍,切实提高服务技能;贴近百姓,建设功能齐全、组织完整、管理有序和运行良好的全民健身服务实践体系,推动全民健身活动深入每一个群众。全民健身目标体系结构模型如图8—1所示。

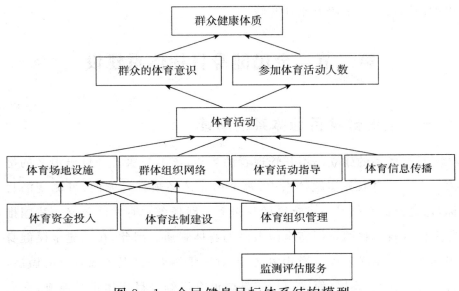

图8—1　全民健身目标体系结构模型

二、影响全民健身目标体系实现的因素分析

(一)各级政府重视程度

全民健身运动开展关乎人民群众的身体健康和生活质量;政府对保障公民的健身权益,全民健身活动的组织与开展,公民身体素质的提高起到决定性的调控作用。

政府体育部门联合宣传部门共同制订本地的全民健身计划,通过广播、报刊、电视、网络等信息渠道进行传播,通过座谈会、宣讲会、培训班等形式进行宣传教育,培养群众的健身锻炼意识,全社会形成健身的热潮。各级政府定期组织体育活动,开展体育竞赛,发挥共青团、工会、妇联、残联、学校、基层体育组织、居委会等组织的作用,因地制宜开展多种形式的体育健身活动,带动职工体育、学校体育和社区体育蓬勃发展。

政府要将建设体育健身设施纳入建设规划中,在小区、公园、广场等规划建设中配备全民健身设施,提供健身器材;方便群众锻炼身体。通过对公益性社会体育指导员设立等级制度,完善扶植与激励机制,为广大群众提供知识和技能培训的无偿服务,并建立档案;对营业性体育场所的指导人员进行职业资格证书制度,加强培训、考核、认证工作,全面加强指导人员的队伍建设。同时,政府可以有效组织体育、工商、卫生、质监、公安等部门,全面落实健身市场安全规范管理规定。

各级政府可将全民健身事业纳入同级国民经济和社会发展规划,在全年财政预算中加入全民健身工作的活动经费,根据自身状况加大健身服务的投入。在鼓励中心城区建设全民健身活动场地的同时,逐步加大城市社区和农村乡镇基础设施建设的投入力度,引导各方建设便利实用的公共体育设施。通过制定政策来扶持基层及农村发展全民健身设施,鼓励社会企业对全民健身提供赞助,保障提供赞助的社会企业或组织享受税收优惠。各级政府和相关部门要建立并完善全民健身工作联席会议制度,确定各方的任务,制定各部门的职务,打造健全的全民健身工作机制,加强全民健身工作的协调和管理,各部门通力合作,切实保障全民健身工作平稳有序开展。

(二)全民健身服务资金注入问题

全民健身服务实践体系建设需要一定的资金支持。诸如,全民健身活动经费;基层公共体育设施的投入;社会体育指导员的培养;国民体质监测机构的日常开销;学校、企事业单位体育场馆对外开放的补助;公园、广场等公共场所和小区的建设器材建设费用等。因此,确保人民群众的健身需求,就需要充足的资金作为保障。

当前,全民健身服务建设中的资金主要以政府投入为主,但仅仅依靠政府的投入是很难促进全民健身健康快速发展的。我国部分欠发达地区缺乏资金注入,因此全民健身建设相对落后:要构建多元化的投资体系,在政府投入的基础上充分调动社会各界及个人投资,确保全民健身体系具有充实的资金保障。各地区结合自身特点,以体育赛事为机遇,进行市场化、产业化探索,促进各地区全民健身建设。

(三)健身设施建设

发展全民健身的初衷是增强人民体质,实现这个目标的根本途径就是参与体育活动,而体育场地设施则是群众参与体育活动基础,所以如果场地设施满足不了需求,就无法实现增强人民体质的目标。目前,在我国现有的体育场地、设施中有一半以上集中在各学校,而学校的体育场地、设施大多处于不对外开放或部分时间对外开放的状态;所以我国人均体育活动面积很低。同时,我国体育场地分布严重不均,城市和发达地区的场地在数量上相对充足;健身组织服务体系相对完善;而经济不发达地区和农村地区的场地设施数目稀少,公共体育设施短缺,一些乡镇和村镇的建设速度非常缓慢,健身网络和组织服务体系很不发达,致使全民健身开展举步维艰。群众健身场地、设施匮乏是制约全民健身发展的重大因素,如何解决场地不足的问题是政府部门和广大社会体育工作者共同关注的问题。

(四)全民健身组织与管理措施

近年来,我国完成了从计划经济向市场经济的转型,在十九大胜利召开后我国处于全面建成小康社会的决胜阶段,政府和体育行政部门要改革以往的管理模式,将宏观调控、综合协调和基础设施建设作为工作重点,以为人民服务为宗旨,规范管理。国际上的发展经验表明,群众体育发展在很大程度上取决于参与者的主动性,具体包括开展体育活动的基础条件,管理的深度和广度,体育活动的内容、形式和特征,各种体育组织的运行机制、管理措施、相关政策等。

(五)城乡居民体育参与意识

体育参与意识是一种人在参与体育活动中所体现的对体育的某种观念,是对体育客观需要及体育活动过程本质规律的客观反映,也是群众对全民健身的看法与态度。影响人们参与体育的意识是多方面的,包括性格特征、教育水平、兴趣爱好、地理环境、自然环境、社会环境、历史传统等。人们在体育活动中,参与体育活动的情感、动机、价值观等往往会受到文化传统的影响,这种影响是潜移默化的,深藏于个人或集体的意识形态之中。

目前我国城乡、经济发达与经济落后地区人民群众参与体育活动的比例很不均衡,城市的体育参与程度高于农村地区,经济发达地区的参与度高于落后地区。很多参与者也处于不稳定、不固定的状态中,很多人的健身意识十分淡薄。因此,全民健身还需要加大宣传,深入群众中调研,切实增强广大人民健身意识和体质健康水平,营造良好的体育健身文化氛围。

(六)全民健身服务网络平台

全民健身活动的开展需要良好的制度和体制。其中,建设激励制度与服务体系网络平台是相当重要的。以体育设施、组织、指导、活动、监测、信息六大服务网络为主的全民健身网络服务平台是全面提升综合服务能力的重点。

全民健身网络服务平台属于纵向四级衔接,横向覆盖城乡社区乡镇、企事业单位、学校等基层单位,由设施网络、组织网络、人才网络和信息网络构成。以场地设施服务为基础,以健身俱乐部、社团协会、健身组织为核心,以健身管理员、体育教师、社会体育指导员为骨干,以计算机信息网络为纽带,打造出资源共建共享的网络体系,以资源的整合与共享为重点环节。其中,既有主观的体育资源的整合,又有客观的体育资源的整合;既有政府提供的基本权益保障性服务资源的整合,又有民间组织、社会团体自主形成的服务资源的整合。该网络以区域为基础,向不同方向辐射,不断发展完善。

第三节　全民健身组织与管理体系建设

一、全民健身组织体系建设

(一)全民健身组织概述

目前,全民健身活动的主要载体是各种类的全民健身组织。各种全民健身组织的目标是提高社会成员的体质健康水平,满足群众的健身、娱乐、消遣等需求。每一个全民健身组织都要具有健身内容、组织方式、运动方法与指导方法,针对性地向群众提供健身服务,确保全民健身目的、任务的具体实现。

全民健身组织主要由体育社会组织和基层全民健身组织组成;具体内容结构如图8—2所示。

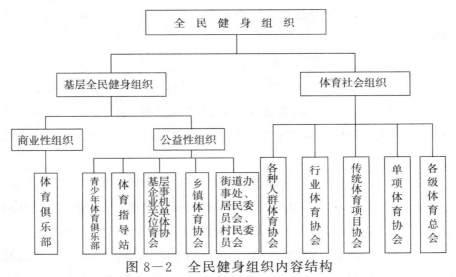

图8—2　全民健身组织内容结构

(二)全民健身组织体系建设

1.统筹规划建设,科学发展体育组织

全面、协调、可持续发展是全民健身组织体系建设的内在要求。在全民健身组织体系的统筹规划中,将体育组织建设纳入体育事业的长期发展规划之中,改变单一的组织管理模式,有效激励广大人民群众,对基层体育组织进行规范管理。基层群众体育组织要加速发展,扩大规模,形成形式多样、功能健全、门类齐全、具有地方特色的全民健身项目和组织网络,推进全民健身服务实践体系建设,向广大群众提供体育健身的组织服务。全民健身组织的网络体系要由政府和社会共同建设,政府体育部门和体育组织建立合理的合作制度。

政府和社会之间要建立起一种新型的合作关系,让全民健身的体育组织回归到社会属性上来。按照规范化的组织章程,选举出相关负责人,筹集经费,制定规划,组织活动,在组织上做到管理规范、运作良好;真正体现出沟通服务作用,得到社会和群众的认可。在全民健身组织建设中建立科学的评价体系,引入竞争机制,规范内部管理,提高组织效能。政府和体育主管部门要对这些组织进行分类指导,树立正面典型,使各类体育组织得到规范的管理,进行良好的运作,收获合理的效益。在社会发展统计指标体系中,增加体育人口比例、举办健身活动的次数、社会体育指导员的数量等与全民健身相关的指标,促进全民健身组织科学发展。

2.构建网络化的全民健身组织

构建完善的全民健身组织网络对于全民健身的整体效果和发展具有积极意义。全民健身组织网络的建设上要符合市场规律;做到建设高效、资源配置优化,协调和沟通各类全民健身组织和机构,使全民健身组织框架清晰,沟通渠道畅通。下面以社区体育健身的组织为例,介绍体育健身的组织网络规划与建设。[①]

(1)内部组织的网络化以直线式为主。体育社会组织和基层全民健身组织为核心,将上级政府机构及下属的健身人群连成直线式网络,通过内部信息流通与互动,使得内部系统更加协调。体育社会组织和基层全民健身组织通过完成上级组织安排的任务获得上级政府机构的信任,再通过优质的指导和服务获得人民群众的口碑。通过这种双向甚至多维的信息交流,以互动沟通为主要手段,逐渐培养起信任感,构建和谐的团队关系,加强凝聚力,实现全民健身组织的功能与价值。

(2)外部组织间的网络以交互式为主。外部组织网络以契约为核心进行协调,以各组织间的平等对话和频繁互动为基础,以体育社会组织和基层全民健身组织间的功能、信息、人际关系、资源、社会效应的流通与共享为条件,形成具有强大交互性的网络系统。在这个系统中,政府管理型组织对各类体育组织履行监督和管理职能,加强引导和监督,使其沿着健康的轨道发展。具体来讲,以政府管理型体育组织为主导,以体育社会组织和基层全民健身组织为核心,以群体单项体育协会、体育锻炼指导站及

企业的体育协会为基础,以体育健身设施为依托,以社会体育指导员为骨干,以锻炼群众为主体;建立综合性的全民健身组织网络。

3. 以小城镇发展为契机,推动农村全民健身组织的发展

小城镇指的是乡镇和发展起来的村庄,属于镇和村之间,具有城镇的一些功能,但是从村发展而来,以非农业人口为主。小城镇属于农村与城市的交汇地带;是农村城市化建设的重要动力,具有一定的组织能力。

小城镇具备了社会经济聚集与辐射的基本功能,能够进一步推动农村的发展。小城镇不断涌现与发展使当地人们生活水平不断提高,休闲时间日益增多,人们逐渐开始重视健康的价值,开始积极参与健身运动,相应对农村群众的健身活动具有促进作用。因此,以小城镇的发展为契机,可以大力推动农村全民健身组织的发展。

4. 充分发挥全民健身组织的功能,组织丰富多彩的全民健身活动

(1)充分把握"全民健身日"的契机,组织开展各种健身活动:社区体育健身活动在内容和项目选择上在突出健身功能基础上要具有趣味性、休闲性和社交性。可以社区、家庭为单位,定期开展象棋、羽毛球、乒乓球、台球、健身操等全民健身比赛。农村地区结合本地的实际条件和文化传统,制订符合群众实际的健身计划,充分发挥农民体育协会、体育辅导站、乡镇企业、退伍军人和学生的骨干带头作用,结合农民群众的生产生活实际,开展诸如"耕田比赛""收割大比拼""搬运重物""插秧比赛"等趣味活动,丰富村民的业余生活。在开展体育健身活动中要获取上级部门的指导帮助和支持,同时做好骨干分子的培训与管理,形成人数集中、时间固定的健身队;促使体育活动站点持续发展。

(2)开展体育节和体育旅游。节庆活动是城市的一大亮点;可根据各地的自身发展特点,开展一些节日体育活动,如龙舟赛、登山、舞龙、扭秧歌、集体健身操等。农村地区依山傍水,自然资源丰富,有条件的可开展登山、徒步旅行、钓鱼等体育旅游和户外体育活动,不断提高吸引力,扩大规模,吸引更多群众参与进来。

(3)大力开展富有民族特色的民间传统体育活动。中华文明内涵丰

富、源远流长,其中就有民族传统体育。民族传统体育在乡镇及乡村地区保持着其特色,一直被当地群众所发扬继承,因此发展民族传统体育是带动农村全民健身的重要载体。农村地区可以建立以民族传统体育项目为主导,其他项目为辅的健身组织,利用传统项目的自身优势;带动当地群众参与体育运动,有条件的还可举办传统体育节。

(4)以竞技带动全民健身热情。各地可定期组织运动会,参赛者面向全体群众,满足他们的体育竞赛需求。运动会的比赛地在各市县轮流进行,不仅可兴建一批场所,而且便于弘扬全民健身精神。此外,还可组织群众欣赏高水平的体育赛事,提高人们对体育运动的认知,通过竞技体育具有的引导作用,推动全民健身运动的发展。

5.强化内部建设,推进基层体育组织自我发展

(1)加快基层体育组织管理干部、骨干成员的专业化、理论化、年轻化进程,在基层体育组织中招聘政治素质好、业务能力强、工作热情高的体育人才,将团队中老干部的经验和年轻人的朝气相结合,将对体育健身的热情转化为基层体育组织建设的动力。

(2)提高服务水平,壮大公益性社会体育指导员队伍,充分利用社会体育指导员的组织推动作用。要专门布置社会体育指导员的培养工作,不断提高营利性体育场所的服务档次和质量,为广大群众提供优质、高效、规范的体育健身服务。

(3)强化自律意识,大力培养自愿性、群众性的民间基层体育组织,进一步规范组织的关系与行为,使每位组织人员在活动中遵守相应的规章制度,确保基层体育组织平稳有序发展。

6.加强体育俱乐部建设,充实全民健身组织主体

从西方国家的发展经验来看,体育俱乐部模式可以极大地满足人们的体育健身需求;从我国的实际发展情况来看,也符合体育改革不断推进社会化、产业化的要求。因此,要成立各类体育俱乐部,以俱乐部的形式开展各项体育活动,各级政府和体育行政部门应大力支持并推出相关政策,在登记注册、业务指导、设施配备、资源管理等方面尽可能提供帮助。对于有条件的俱乐部投资方来说,可结合实际情况,在经过充分论证、明

确产权的基础上;调集各方面资金;招揽人才,建立体育运动俱乐部。

当前,对于全民健身来说,开发工作重点是为群众提供组织、指导和服务的各种健身俱乐部。对于公共体育场所、公园、广场等场地设施要充分利用起来,定期举办相关的体育活动,已形成稳定群众基础的;要引导其向俱乐部方向发展,并引入服务的概念,增强群众凝聚力,形成更浓厚的健身氛围。对于政府部门来说,对提供健身服务的企业性质的俱乐部进行检查与指导;对以培养体育后备人才的业余俱乐部,在师资、教学、训练等方面进行支持和帮助。支持和鼓励业余体校不断扩招,尝试与企业或学校联合创办俱乐部。

二、全民健身管理体系建设

(一)全民健身管理的含义

全民健身管理是指在全民健身的组织活动中,管理者通过各种方式整合资源,实现全民健身目标的活动过程。随着国家经济发展,社会进步,我国居民的生活方式和生活观念也发生了巨变,而生活方式的转变既为全民健身活动提供良好的社会环境,同时也对全民健身提出了新的要求。在这个背景下,加强对全民健身事业的管理,促进全民健身运动健康、协调、有序发展,成为各部门需要解决的问题。

全民健身的管理工作不仅是政府的工作,也是各级各类机关、企业、事业单位要负责的内容;不仅是各级工会、妇联、共青团等团体的责任,也是社会体育组织与团体的职责。全民健身管理需要各级体育行政部门与各级、各类社团组织通力合作、相互配合;这样才能建设出系统性的多元全民健身服务体系,才能使资源配置最优化、管理工作规范化、服务效益最大化。

(二)全民健身管理体系建设

1. 创新机制,转变政府职能

长期以来;我国体育行政部门的各级群众体育管理机构直接承担对群众的管理职能,在管理中处于主体地位,具有权威性。群众体育管理的改革重点是从管办结合向宣传引导、经济资助技术支持、跟踪监督的方向发展。政府要转变职能,改革组织管理机构;把一部分权力赋予社会,鼓励社会参与;将体育的发展交给市场来运行,让市场发挥主导作用;促使体育组织社会化;使其具有自我决策权力;充分利用第三部门在体育产品和服务的供给上具有的优势,形成由各级政府领导和体育局主导、其他部门协同配合的全民健身管理。

在全民健身社会化过程中,要积极调动各方力量,政府、社会、学校、企事业单位、家庭、社区都要参与进来,充分发挥工会、共青团、妇联、居委会等团体在管理方面的组织作用,建立体育协会、体育指导站、体育活动中心、体育俱乐部等,建设社区体育组织网络,充分整合各项体育资源,联合医疗卫生部门,积极开展体育医疗、体育健身指导、健身处方等服务,并逐步扩大开展范围,努力实现体育健身公共服务常态化,形成体育服务体系。

2.建立符合全民健身自身发展的管理体制

(1)在组织机构上,可以建立由人民政府:街道办事处、居委会和体育活动站四个层次组成的社区体育管理机构,政府负责牵头,街道作为实施主体,居委会为组织依托,活动站为活动基地;建设一个规范的社区体育管理体系,为我国城市地区普及全民健身活动做好保障。

(2)针对农民的实际情况,将政府工作重点放在宏观调控和基本设施建设上;建立规范的管理体系。大力发展新农村全民健身建设;充分调动农村群众的积极性。鼓励大胆创新,建立新型管理机制,以农村体育基础设施建设为切入点,号召农村学生走出校园,到农村社区参加农村体育活动,展示、突出体育的魅力与特色,实现农村学校与农村群众的联动,以此推动农村体育的发展。

(3)实现群众体育组织实体化,鼓励自我发展。推进群众体育的社会化管理;将民间自发性的体育协会转变为具有法人资格的体育社团;结合群众爱好,建立群众体育俱乐部;社区内兴建体育场馆,自主运营和管理;基层政府自建街道社区服务中心,推行街道体育管理,制订辖区内群众健身计划,通过宣传,采取宏观指导性管理,提供骨干分子培训与指导服务。通过群众社团和群众体育俱乐部的建设,使群众体育运动市场化、商业化、产业化,谋求自我发展。

(4)实现群众体育管理体制的"人本化"。政府充分贯彻"人本化"的群众体育管理理念,在社区体育、乡镇体育、农村体育中采取相应的管理方式与措施。在经营型群众体育的管理上以经营者为中心,为他们提供更好的发展空间,充分调动他们的热情。随着社会不断加强法治和民主的观念,群众体育管理要体现"以人为本"的管理理念。

(5)实现群众体育的生活化。体育组织利用自身资源,依靠组织成员的力量,尝试经营自主、管理自主、服务自主的一体化,做到"活动时间固定、活动场所稳定、活动内容稳定",实现群众体育生活化。

(三)建立全民健身管理网络,加强各横向部门之间的联系

在全民健身体系中,管理网络充当着指挥系统的角色。全民健身管理应构建由中央、省(市、自治区)、区(县)、办事处(镇)和社区的各级一线体育组织逐级相连,构成一个纵向的网络体系结构。

各级政府体育管理部门要敢于转变职能,发挥出调控和指导的作用,对公益型的群众体育组织的管理工作负责,充分发挥体育总会、体育中心、单项体育协会的作用,大力推动社区体育指导机构的发展,为群众性健身活动提供组织保障。在全民健身服务体系中,每个角落都要有组织服务的身影,其在全民健身的活动中具有重要的功能。

构建全民健身网络管理系统要符合整体性原则,以确保全民健身组织管理体系的协调、筹划、管理及实施得以顺利实现。在构建管理网络的过程中,要格外关注体育基层管理组织与其他体育组织的联系,因为各组织之间联系越密切,越有利于管理体系中各因素的协调。通过管理组织与其他部门的密切联系;在政府和社团之间架起沟通的桥梁。

(四)加强基层全民健身管理队伍建设

全民健身运动能否顺利开展除了要得到领导的重视,也要有强力的

管理队伍作为保障。各级政府在全民健身的相关工作中有一项重要职能就是加强基层全民健身管理队伍建设。

首先应进一步加强全民健身管理人员对有关健身的理论知识及灵活运用专业工具与技能的培训;其次应改变管理人员的传统思想,加强管理者与健身群众的沟通互动,在组织内外形成良好的关系网络,形成协作精神和团队精神,营造良好的管理氛围,使所有群众都有机会表达自我,进而管理人员能充分了解人民群众在健身方面的真实需要,使全民健身资源在全社会的合理配置得以实现。

（五）完善全民健身管理的立法、执法、监督机制

"法治化"是各领域发展的必然趋势。在群众体育健身管理体制的建立和实施中,要将群众体育管理、推动全民健身计划推向法治化。充分宣传与普及《体育法》,创建和谐的体育健身法治环境,增强管理人员的法制观念,增强群众的法制意识,加快配套立法,推进体育管理体制和运行机制改革的立法,推进群众享有健身权利、提高公民身体素质的立法,使政府部门到人民群众的法制意识和能力都有提高。

（六）解决全民健身不平衡发展问题

在新形势下,全民健身管理工作的重点是协调城市与农村在体育发展上的不平衡,难点是农村体育的发展。农村体育作为全民健身体系中的难点,在组织管理网络建设中要打破城市农村发展不平衡的这种局面,加大对农村体育的投入,加强农村地区的基础健身设施建设,广泛开展适合农村群众特点的体育活动,为农村群众参与健身提供便利。

应该建立基层体育管理队伍,做好农村社会体育指导员的培训与队伍建设,农村群众健身意识的增强需要管理者的引导,农村体育资源的配置和利用也需要管理人员的努力。

另外,鼓励和支持民间团体成立农村体育项目单项协会。由于我国经济发展在东西部之间有着明显差异,所以管理体制上也要分开实施。西部地区经济不发达,社会组织尚未成熟,不足以承担相应的职能,所以

只能采取政府管理型体制。而在经济发达、体育市场有一定发展的东部地区,社会管理型的体育体制具有广阔的实施空间,能发挥重大作用。因此,建议继续推行并完善这种双重的体育管理体制,为此国家与社会要相互协调,进行体制、职权与责任的调整与完善。

第四节　全民健身指导体系建设

一、全民健身指导体系的构成

(一)全民健身指导体系的人力资源

1. 社会体育指导员

社会体育指导员是指在群众性体育活动中专门对健身者进行运动技能传授、健身指导和组织管理工作的人员。社会体育指导员的执业资格受到专门的评审,由国家认定,分为国家级、一级、二级、三级。

具体来说,社会体育指导员有如下工作。

(1)组织、带领社会成员参加健身活动。目前依然有人体育意识淡薄,对体育健身没有一个积极的态度。因此,社会体育指导员承担着宣传、发动群众参与到健身活动中的使命。为此,要采用多种方法与形式,如讲座、理论培训、参观交流等;调动广大群众的积极性,增强群众的锻炼意识,促使他们主动参与到体育健身之中。

(2)指导群众科学健身;提高锻炼效果。许多群众抱有极高的健身热情,但因为缺少体育知识和科学指导,使得他们的健身效果很差;甚至因方法不当而出现运动损伤。此时;社会体育指导员需要发挥积极作用,为人民群众带来科学的健身指导服务,包括宣传健身知识、指导体育健身、医务监督、制订健身计划等,促进群众锻炼的科学化。

(3)提供健身锻炼方面的信息。社会体育指导员不仅要能对群众答疑解惑;还应主动向他们提供健身信息,比如锻炼场地分布、器材讲解及购买、经营性健身场馆的收费及设施情况等。社会体育指导员在必要时要进行一定的商业体育设施指导和管理工作。

2. 其他体育管理人员

全民健身中其他人力资源包括各类体育管理干部、体育教师和参与全民健身指导的志愿者等。

(二)健身辅导站

健身辅导站是在国家宏观调控下,政府与社会力量共同兴办的健身机构,是人民群众广泛参与体育活动的中心,具有教练人员、练习地点和练习时间固定,是满足群众多样化、多层次体育健身需求的重要场所。健身辅导站有如下作用。

(1)宣传健身理念,营造良好的体育健身氛围。健身辅导站要有计划地开展健身宣传活动,如"全民健身宣传周"等,利用多种传播媒介,采取多种形式,扩大宣传效果。例如,可设置体育健身板报,广泛地动员和引导社区居民积极参加体育健身活动,也可以设置醒目的宣传海报,编辑发放健身宣传资料,定期开展体育健身咨询活动。

(2)提供运动场地,组织和指导群众科学健身。健身辅导站要发挥骨干作用,引导社区、村镇居民广泛开展体育活动;以推动基层全民健身为目标,通过各种形式的健身活动,提高人民群众健身活动参与率,从而推进全民健身计划的实施。

(三)健康咨询中心

健康咨询中心是以提升人民健康、改善生活质量为目的的专业机构,为人民群众提供专业的运动健身知识,从基础生理、心理、营养等领域介入,指导健身者进行身体舒压、肌力强化、肌肉伸展、心智训练、放松训练,同时提供营养知识普及,设计营养处方。健康咨询中心主要作用如下。

(1)使健身者了解自己的身体素质、疲劳恢复能力、心血管等功能的量化数据,从而知道自己适合哪些运动,最佳强度,锻炼效果,存在的缺陷等,从而更好地进行锻炼。

（2）健康咨询服务。向群众提供运动营养咨询、健身方法手段咨询、减肥方法咨询、运动技术咨询、运动康复咨询等，随时为群众的体育锻炼提供指导。

（3）为群众建立健康档案，并结合具体情况开出运动处方。对于健身者来说，日常健身要根据不同情况确定相应的活动内容，并根据提高自身的需求对健身活动方式进行调整，从而取得好的效果。健康咨询中心可以给健身者建立体育健康档案，对健身者的身体状况进行测量、研究、分析、评估，并将数据保存在电脑中，使健身者在以后的体育健康咨询中从量化数据对比来检验自己的健身效果，养成科学的体育锻炼的习惯，并制定出与个人实际情况相符的运动处方。

二、全民健身指导体系的建设

（一）建立完备的媒体信息传播系统，进行系统的宣传活动

为了深入开展全民健身工作，要充分利用电视、广播、报刊、网络等传媒渠道的资源，大力开展体育法规、健身方法等方面的宣传工作，使群众加深对体育法规的认知，主动传播科学的体育健身知识和科学锻炼方法。

各级体育管理部门要意识到媒体宣传的重要性，要及时为人民群众发布运动健身和体育消费的业内信息。电视台和广播电台可开设健身专栏邀请体育专家做客，讲述体育健身的科学方法和相关知识，解答群众在健身中的问题。报纸也可开设体育健身专栏，宣传科学健身的知识、方法和作用。还可以通过公益广告的形式，以生动的语言和形象的动画宣传《全民健身计划纲要》《体育法》和《全民健身条例》，形成一种学习的氛围。此外，现在是互联网时代，要充分利用便捷、快速的网络，提高体育健身服务体系整体功能和服务水平，将各类信息资源统筹并优化整合，服务于全民健身活动。

（二）全民健身指导体系中人力资源的培养与开发

1.社会体育指导员的培养途径

（1）制订发展计划，建立一支作风好、素质高、能力强的职业社会体育

指导员队伍,使其不断发展壮大。更新和引进健身活动新项目,以满足人们不断革新的需求;以高质量服务于群众。要为社会体育指导员创造优良的社会环境,使得社会认可社会体育指导员这个职业,尊重他们的劳动,激发他们的工作热情。重视业余、兼职社会体育指导员的作用,鼓励提倡志愿者进行无偿或低偿服务。

(2)完善社会体育指导员的培训制度,重点优化培训内容。培训目标要将社会和群众对社会体育指导员的需求密切结合,明确区分不同类别、不同级别、不同项目的社会体育指导员在体育健身指导中的具体作用,完善培训制度,建立监督机制,定期进行进修和培训。在培训内容上,通过创新手段,突出知识的时代性和应用性,充分体现知识与信息的更新;增设实践课内容,凸显指导员的主体地位,将学习的自主权交给学员,建立统一的考核制度。

(3)完善社会体育指导员的继续培训制度。在现行的培训制度中,随着培训学习的结束、资格证书的取得,指导员会自然而然地放松,难免存在适应不了群众日益变化的需求情况。因此,要引入社会体育指导员继续培训的全新概念,建立适应时代发展要求的社会体育指导员培训制度,使已获得资格的社会体育指导员满足群众的新要求,确保正常工作。

(4)建立培训基地,构建社会体育指导员管理网络体系。要建立社会体育指导员培训基地,定期请业内专家提供理论与技能指导。建立完善的社会体育指导员管理网络,对已获资格证书的社会体育指导员的基本信息进行登记,为他们提供业务指导、就业信息;推荐就业岗位;建立服务对象信息档案,为社会体育指导员和健身者打造一个网上互动交流平台。

(5)科学划分社会体育指导员的类别,建立管理机制。我国的社会体育指导员主要有青少年体育指导员、职工体育指导员、老年人体育指导员、休闲娱乐体育指导员、医疗康复体育指导员;竞技体育指导员等,不同种类上的培训经费有所不同。休闲娱乐指导员、竞技体育指导员、医疗康复指导员属于有偿服务,他们的培训经费应该自己解决;其他类别指导员属于公益服务;国家应当帮助他们解决培训经费,并给他们安排工作渠道。为了更好地发挥社会体育指导员的个人特点优势,更有效地进行指导工作,还可以对他们进行更细致的分类,如足球指导员,健身操指导员等。

(6)加强社会体育指导员的资格认定及监督体制。我国社会体育指导员的管理是由各级体育行政部门来负责,要完善相应的政策法规,采取行政手段进行管理,对社会体育指导员资格认定制度进行改革,规定培训课程内容、时数及考核标准,在培训和管理过程进行监督,采取严格的实施办法、审批手续,实行规范的资格证书颁发程序;制定社会体育指导员评聘制度,实行工作量计算法。

(7)全国各体育学院要发挥其龙头作用,国家级社会体育指导员培训基地和各省、市、区培训基地、站、点在社会体育指导员培训方面要充分体现出主渠道的作用。积极利用高校资源进行社会体育指导员培养,组织高校体育专业学生积极参与社会体育指导员的申请与考核,以培养更多专业性强且对于各种人群都适用的管理指导的一体化人才。

2. 其他体育管理人员的培养途径

(1)制定体育管理人员培训制度,促使管理人员学习新的管理知识和先进的管理经验,提高自己的知识水平和技能水平;从而提高工作效率,促进我国全民健身事业不断发展。

(2)充分发挥辖区内行政单位的体育干部、体育教师、业余体校教练员、特别是热爱体育的体育特长生和退休人员的作用,动员他们参与到全民健身活动的组织与技术指导工作中去。

(三)高校社会体育专业健身指导人才的培养

(1)更新教育理念,开放办学形式。高校社会体育专业教育要强调学生的主动性和创造性,培养学生独立思考、善于探索、勇于创新的精神,做到从高校中来,到社会中去;广泛联系运动训练队、体育俱乐部、社区体育活动中心、体育培训班、各健身活动场所,采取多种形式与社会联系和合作,最大限度地将理论应用于实践,再在实践中总结理论经验,使学生在实践活动中实现自我塑造、自我完善和自我发展。

(2)优化教学体系,创新教学内容,灵活教学方法。科学合理知识结构的形成源自系统的课程体系,因此,要对课程结构体系进行优化:增加课程的实用性,如体能测试与评价、运动处方、运动监控、运动后恢复、运动营养、运动损伤的应急处理等;加大实践课的比例,提高学生的基本技能,激发其创新热情;协调好必修与选修的比例;注重教学内容的前沿性,让学生了解社会体育指导中最前沿的内容。在教学过程中可以采用答疑、小组讨论、案例分析、提问等启发式的教学方法,拓宽思路。

(3)构建科学教学评价体系。根据评价的相关理论,建立横向维度(基础性要素指标:教师行为—学生行为)和纵向维度(过程性要素指标:教学目标—教学方法—教学过程—教学效果—教学反思)的评价体系,对教学的整个过程进行评价。

(4)树立终身学习的教育观念。对于健身指导人才来说,不断学习、不断创新才能顺应时代潮流,在工作中了解服务对象的需求。据有关研究表明,大学期间只能获取10%的知识与技能,其余的90%都要靠在工作期间的学习来累积。因此,对于高校社会体育专业健身指导人才来说,要树立终身学习的观念。在校期间主要培养学习习惯,掌握正确的学习方法,而走入工作岗位后就是实践,要接受各种挑战。

(四)开发健身指导系统软件

随着全民健身工程的开展与推广,健身的理念已得到绝大多数人的认可,相关的科学研究工作已全面展开,并取得丰硕成果。这些研究成果目前已应用于健身指导实践,直接创造社会效益,成为实现科学健身的重要措施与重要环节。

在全民健身指导中,要发展健身指导理论中相对成熟的部分与计算机技术相结合的相关软件的开发,通过实际应用,将科学健身指导方法运用于全民健身指导实践中。目前与健身指导相关的软件有体质评价、运动处方以及营养膳食软件三类,相关人员成人体质测试智能评价系统、运动处方专家系统、营养指导软件等;已经广泛应用于全民健身指导中。这些软件发挥了自身的作用,通过实践也证明了健身指导软件开发是可行的、必要的。

我国研制开发的系统软件只涉及体质评价、运动处方及营养指导这三个部分,而运动监控和健身效果评价则尚未涉及。涉及面不全;就会导致健身指导软件系统的实质功能和健身指导的科学性受到影响。因此,结合体质监测的实践经验,遵循科学性和应用普及性原则,将体质评价理论与计算机技术相融合,逐渐向系统化、智能化和信息化发展,开发出更好的系统软件,为全民健身指导服务。

(五)建设全民健身指导网站,构建社会体育指导网络系统

全民健身类网站能够传播多种信息,具有报道健身消息、传播健身知识、指导健身方法、介绍健身手段、宣传健身活动等多种功能,可以把全民健身的相关信息在第一时间内传达给广大网民,在全民健身活动的普及和宣传中处于重要地位。

在网站的栏目设置中要遵循全民健身的纲领,为全民健身活动提供科学指导,推动全民健身运动实施,引导群众具有健身娱乐方式,为国家实现"中国梦"作出应有贡献。在网站建设中,要有网站数据库、图形数据库、专家互动平台、发情链接,在布局设计上要做到美观实用,优化页面代码;建立站点镜像,提高网站的IP,使用户能浏览到大量信息,满足自身需求。在网站的主要内容中,要收集健身者提出的相关问题并做出解答,对健身者的健身提供相应的指导;为用户提供大量健身信息;为广大用户提供大量的健身锻炼的音像文字材料,方便用户自行学习;开设论坛功能,使用户能在网络上找到自己的健身伙伴,从而达到相互交流、共同进步的目的。

(六)健身辅导站的建设

(1)充分发挥各专业协会和辅导站的职能作用。每年由各专业协会

和、辅导站负责人罗列辅导站的全年培训计划,标明所需经费,将其列入财政预算之中,积极为辅导站工作提供资金保障。此外,对工作过程中的交通、通信费用也要尽量解决。

(2)建立科学的管理制度。为了确保健身体育辅导工作经常化、规范化,应该建立健身辅导站工作时间表和活动安排表,在健身时间、健身活动内容等方面安排清楚,以满足大众多元化的健身需要。

(3)将社会体育指导员分配到各个健身辅导站点。把已获得上岗资格的指导员和志愿者根据类别配备到各指导站中,使他们为健身人群提供服务。

(4)建立健身辅导站奖惩机制。确立以发展和保持体育人口、为健身人群提供健身服务的数量和质量作为评价标准,以享受指导服务的健身者为评判者,政府有关部门为实施奖惩行为者,对健身辅导站进行评价。

(5)政府通过引导,为建立市场化运作的专业健身辅导站提供政策支持,构建多层次健身指导体系,通过市场行为发挥出健身指导的相关功能;为相关群体提供服务。

(七)健康咨询中心的建设

(1)政府相关部门通过行政手段和政策进行引导,成立公益性质的健康咨询中心;支持社会组建体育健康咨询中心,提供有偿咨询服务。进而形成以公益性健康咨询中心为龙头、众多社会体育健康咨询中心为主体的体育健康咨询中心体系。

(2)组织体育健康咨询中心咨询员。公益性健康咨询中心对相关工作人员进行组织,社会体育健康咨询中心可以通过招聘聘请相关专业人员。专家组由临床经验丰富的医生、有体育健康咨询经验的体育工作者、具有相关专业知识的心理医生和社会体育工作者等人员共同构成,根据对象的性别、年龄、个性特点、身体状况和文化程度,开展一对一的健康教育,提高群众的健康水平和卫生保健能力,满足群众需求。

(3)配备相应设备,包括但不限于身高体重器、听诊器、血压器、秒表、皮褶厚度测量仪、心电图机、肺通气功能测量仪、跑步机、骨密度仪、握力器等实验室仪器,功率自行车等。

(4)制定运动处方前,应先询问健身者的健康状况和既往病史,了解其参加健身或康复运动的目的等个人情况;对健身者进行体检,包括身高、坐高、体重、胸围、肺活量、皮脂厚度、肺部听诊、脉搏、血压、心脏听诊、心电图、视力等;在实验室进行检查,包括心肺功能、心血机能、心脏工作范围、运动恢复能力、人体工作能力及耐力水平、呼吸系统的功能、自主神经的功能、运动神经系统的功能;进行体能测试和运动试验;最后是修改、微调、确定运动处方。运动处方的制定应当具有较高的科学性及对健身活动的指导性,对健身者选择健身方式具有重要的参考作用。

(八)建立绩效评价体系

绩效评价是指组织按照既定标准和一定的评价程序,运用科学的评价方法,按照评价的内容和标准,对评价对象的工作能力、工作业绩进行考核与评价。绩效评价体系由一系列与绩效评价相关的评价制度、评价指标体系、评价方法、评价标准以及评价机构构成。

全民健身指导体系绩效评价主要是针对全民健身指导的目标、过程、结果等评价,通过科学合理的绩效评价,可以及时寻找到工作中的不足,使得全民健身指导体系更加完善。如果没有对全民健身指导体系的绩效评价,那么全民健身指导体系就无法正常运转。因此,我们应当针对全民健身指导体系中人力资源、健康咨询中心、健身指导站、体质监测站等子系统,构建绩效评价体系。

例如,我们可以为社会体育指导员、各类体育管理干部、体育教师和其他参与全民健身指导的志愿人员,在动机、情绪、意志、人格、态度等方面进行测试,发现其在全民健身指导体系中真实的心理状态。在此基础上,一方面可以通过绩效评价,鼓励员工不断进步,提高自己的工作能力、知识和技能,并通过绩效评价来进行淘汰与升迁;另一方面,也可以通过绩效评价来帮助员工个人、团队和整个组织的能力发展。

参考文献

[1]陈荣,罗翊君,彭叮.体医融合背景下全民健康促进的路径建设思考[J].上饶师范学院学报,2019,39(6):73-78.

[2]程会娜,郭晓.河北省体医融合的内涵和发展路径研究[J].武当,2023(2):103-105.

[3]丁省伟,范铜钢,储志东.健康中国理念下慢性病防治的体医深度融合路径[J].体育成人教育学刊,2021,37(6):1-6.

[4]丁士良.全民健身的理论与实践研究[M].武汉:武汉大学出版社,2016.

[5]董宏,戴俊,殷鹏.供给侧改革视域下体医融合服务供给模式的现实困境与优化路径[J].武汉体育学院学报,2019,53(9):15-21.

[6]方淑琳.基于体医融合探讨全民健身与全民健康的融合[J].当代体育科技,2020,33(33):201-202,205.

[7]冯振伟,韩磊磊.融合·互惠·共生:体育与医疗卫生共生机制及路径探寻[J].体育科学,2019,39(1):35-46.

[8]冯振伟,张瑞林,韩磊磊.体医融合协同治理:美国经验及其启示[J].武汉体育学院学报,2018,52(5):16-22.

[9]冯振伟.体医融合的多元主体协同治理研究[D].山东:山东大学,2019.

[10]盖豪杰.全民健身视域下体医复合型人才培养的必然、实然与应然[J].山东体育科技,2023,45(6):22-26.

[11]宫彩燕.全民健身体系研究[M].长春:吉林人民出版社,2020.

[12]郭磊,李泽龙,王洪鹏.全民健身服务体系与实践指导[M].北京:新华出版社,2015.

[13]郭树樾.体医融合下山东太极拳产业化发展路径探究[D].山东:山东师范大学,2020.

[14]郭文.体医融合背景下城乡老年人体质健康的差异及其干预实验研究[M].湘潭:湘潭大学出版社,2022.

[15]韩磊磊,周李,王艳艳,等.跨领域合作视角下中国体医融合的路径选择[J].武汉体育学院学报,2020,54(9):5－9,15.

[16]韩重阳,向珩.新时代体医融合健康服务模式研究[J].体育科技文献通报,2022,30(9):99－103.

[17]黄非.大连市健康社区建设中体医融合实现路径研究[D].辽宁:辽宁师范大学,2021.

[18]蒋宁波.体医融合人才培养的制约因素及实施路径研究[D].湖南:湖南科技大学,2021.

[19]解彪,张鸿.全民健身和全民健康深度融合的机制与路径研究[J].内江科技,2023,44(11):32－34,52.

[20]李晨.大学生体医融合健康培育[M].天津:天津科学技术出版社,2019.

[21]李代勇,谢志民.体医融合视域下传统体育发展理论与实践[M].昆明:云南人民出版社,2021.

[22]李健雄.健康中国视域下的体医产业融合机理及路径研究[D].湖南:湖南科技大学,2021.

[23]李璟圆.多视域体医融合模式公共健康服务体医融合模式研究[M].北京:电子工业出版社,2022.

[24]李彦龙,陈德明,常凤,等.体医融合模式:国内实践与国外经验双向考察[J].哈尔滨体育学院学报,2022,40(3):34－41.

[25]李仪,廖粤生,白莉莉.体医融合复合型人才培养:价值、困境与对策[J].中国卫生事业管理,2023,40(8):626－629.

[26]李勇.全民健身服务发展的实现路径研究[M].长春:吉林出版集团股份有限公司,2023.

[27]梁华伟.基于全民健身的民族传统体育项目研究［M］.长春:吉林人民出版社,2018.

[28]罗旭.我国全民健身服务体系的理论构建与运行机制研究［M］.北京:北京体育大学出版社,2011.

[29]骆秉全.北京市全民健身运动与医疗卫生服务融合现状研究［J］.首都体育学院学报,2021,33(5):465－473.

[30]马国栋,刘艳环,高博,等.体医融合:概念、融合路径及保障机制［J］.成都体育学院学报,2023,49(1):97－103.

[31]马志谦."体医融合"视域下河南省高校社会体育指导与管理专业人才培养优化研究［D］.河南科技学院,2022.

[32]孟俊鸟.健康中国背景下"体医融合"人才培养模式研究［M］.北京:新华出版社,2019.

[33]牛大贺.积极老龄化背景下全民健身与健康养老融合研究［J］.文体用品与科技,2023,3(3):25－27.

[34]潘丽英.全民健身服务体系构建与运动方法研究［M］.北京:新华出版社,2018.

[35]邱林飞.体医融合的全民健身模式研究［M］.杭州:浙江大学出版社,2021.

[36]沈芸.休闲体育与全民健身研究［M］.西安:西安交通大学出版社,2017.

[37]宋德海.新时代我国竞技体育助力全民健身的实现机制研究［M］.长春:吉林大学出版社,2021.

[38]唐湘琪,胡英姝,向剑锋."健康四川"战略下推动全民健身与全民健康"体医"融合路径研究［J］.科技与创新,2020(11):57－58.

[39]王晓林,董德龙,于永平.效力、目标、措施:中国全民健身政策协同演变与启示［J］.唐山师范学院学报,2021,43(6):75－81.

[40]吴小彩."体医结合"背景下高校推广应用运动处方教学的实践探讨［J］.四川民族学院学报,2019,28(6):96－100.

[41]武传玺.健康中国视域下我国农村公共体育服务的发展路径研究[D].江苏:中国矿业大学,2018.

[42]夏一冰,元文学.健康中国背景下我国社区体医融合治理的机制、困境及实施方案[J].沈阳体育学院学报,2023,42(3):77-83.

[43]杨江,宋淑华.新时期我国社区体医融合发展的现实意义、实践经验和优化策略[J].辽宁体育科技,2023,45(3):10-15.

[44]尤传豹,刘红建.基于动态系统理论的全民健身与全民健康深度融合机理及实践[J].西安体育学院学报,2023,40(1):78-88.

[45]张波,陈文刚,李献青."健康中国"背景下体育与医疗卫生共生机制及路径探析[J].当代体育科技,2021,11(19):171-174.

[46]张晓彤."体卫融合"背景下济南市城市社区运动促进健康服务模式构建研究[D].山东:山东体育学院,2022.

[47]张豫.体医融合背景下温州全民健身机制建设路径研究[J].才智,2020(22):38-41,44.

[48]郑红艳.新时期全民健身的持续发展研究[M].北京:新华出版社,2023.